U0451666

天壹文化

从声音到文字·分享人类智慧

李易安
千古詞華獨擅長蕙心
蘭質更無方謝家姊妹
名空在未抵夫人姓字
香

李清照（清_佚名）

卓文君（清_赫达资）

蔡文姬（清_赫达资）

薛濤
輕長潤狹氃掘林細染
輕堤玉色光瑩是無心
惹鈿餘妾將姓平枇文
旁

薛涛（清_佚名）

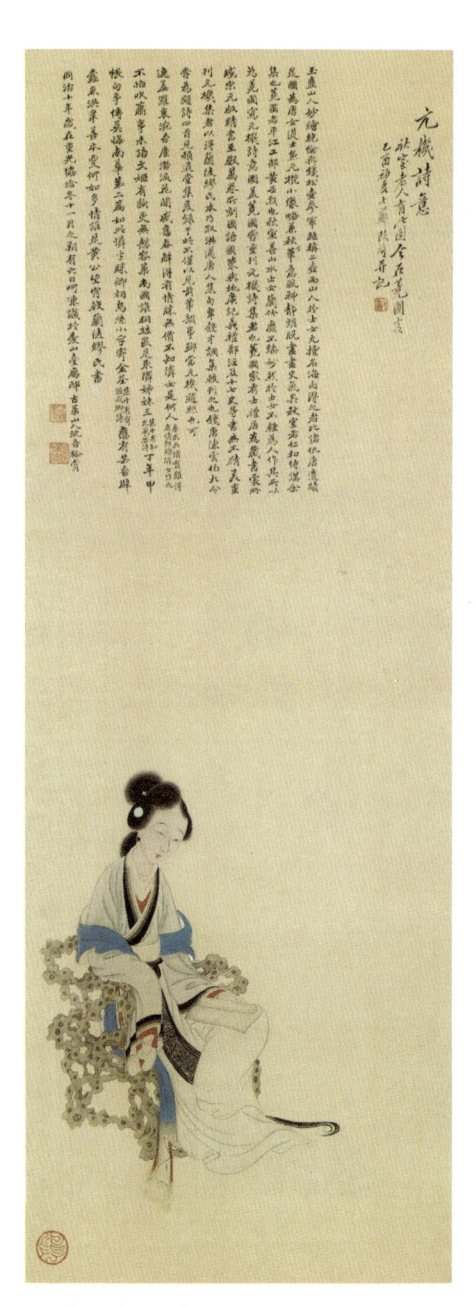

鱼玄机（清_改琦）

西施（清_赫达资）

王昭君（元_佚名）

杨贵妃（清_顾见龙）

人生几何时

中国古代的才女与美女

马瑞芳 著

天地出版社 | TIANDI PRESS

引言

男权霸语下的美女、才女、怨女、妒女

今天我给大家讲的是：中国古代男权霸语下的美女、才女、怨女、妒女。

请注意，我说的不是"男权话语"，而是"男权霸语"。所谓"男权霸语"，即男权意识是社会主流意识形态，男性霸占历史和文学的话语权，霸凌女性形象的解释权和塑造权。

倍倍尔[①]在《妇女与社会主义》里说："女性的地位是衡量一个民族文明程度的最好尺度。"而中国古代不少男性作家在女性问题上都是缺乏良知的。

[①] 倍倍尔：奥古斯特·倍倍尔（August Bebel，1840—1913），德国社会主义者，德国社会民主党创始人之一，著有《妇女与社会主义》等。——编者注

《荷马史诗》写为了美丽的海伦，希腊联军与特洛伊人打了十年仗，而特洛伊元老院的元老们看到海伦时却说，为这个女人打十年仗，值得！

　　如果在中国古代，这种话能说吗？海伦必定会被认为是红颜祸水，且得到"祸水"应得的下场。正如《封神演义》中，商纣王被狐狸精所惑，那么，这个狐狸精最后就得被姜子牙斩杀。又如，开创过"开元盛世"的唐玄宗因宠幸杨贵妃而逐渐怠慢朝政，最终导致"安史之乱"，那么，这个曾经给唐玄宗父子提供"性服务"的美女就得被白练勒死。

　　中国古代几千年来都是男人掌控话语权。在文学方面，不管是诗词、散文，还是戏剧、小说，占据统治地位的也都是男性。谭正璧《中国女性文学史·女性词话》曾考察过，1840年之前女性小说家仅有《元明佚史》的作者汪端和《谪仙楼》的作者陈义臣，这两本小说现在也已不传。在古代小说里，男性作家经常站在"男子至上"的立场，用"男尊女卑"的观点来审视和描写女性，漠视甚至蔑视女性。如果没有伟大的女性主义者曹雪芹，特别是如果没有难得的女性主义者贾宝玉，那么，中国古代小说在女性话题上将远远落后于欧美作家。当然例外总是存在的，比如，和唐诗并称"一代之奇"的唐传奇。

　　2002年有一部很有名的电影《时时刻刻》，讲述三个不同时代欧美女性的生存困境。我发现，和中国古代女性的生存困境相比，《时时刻刻》中讲述的女性困境实在属于"小儿科"。中国古代女性的头上有一座沉重的男权大山。男性享受最大的性自由，女性则遵守严格的性禁锢。丈夫可以妻妾成群，寻花问柳；妻子则必须从一而终，守身如玉。而有着至高男权的男性作家还要给冲破性禁锢的女性加上"淫奔无耻"的罪名，进行口诛笔伐。

我在三十年前涉及女性话题研究，1993年中国古代小说国际研讨会上，我的发言题目是《女性意识在〈三国〉〈水浒〉中的空前失落》，我提出《三国演义》《水浒传》这两部世界名著太不尊重女性，《三国演义》成了女性的"文学贞节碑"，《水浒传》成了女性的"文学耻辱柱"。我的发言在会上引起了很大争议，六个国家和地区的男性专家跟我商榷，实际上是不同意我的意见，但是我坚持自己的观点，并且在下一次的国际研讨会上报告《〈聊斋志异〉的男权话语和情爱乌托邦》，对我研究几十年的蒲松龄的男性观提出了批评。同时，我还在《齐鲁晚报》开设专栏《趣话李清照》，探索中国古代第一才女李清照在男权重压下不断拼搏并留下清词丽句的人生。比如，她早期的词和她的婚姻有什么关系？她的所谓"神仙眷侣"的婚姻为什么不幸福？她为何再嫁，然后又坚决离婚？2016年，中华书局《文史知识》杂志邀请我开设专栏《趣话美女》，这是我在《文史知识》开设的第五个专栏。我把中国古代怎样评价美女、鉴赏美女、精雕细刻美女，以及美女和政治的关系、四大美女的命运写进专栏，一月一期，发了一年。现在，我把三十年来研究、思考的女性问题提炼出来，归纳成"男权霸语下的美女、才女、怨女、妒女"主题，跟大家分享。

目录

第一章
李清照：争渡，争渡，惊起一滩鸥鹭

- 003　李清照十六岁轰动文坛
- 008　苏东坡的再传弟子
- 012　赵明诚梦做"词女之夫"
- 017　李清照燕尔新婚
- 021　李清照被逐之谜
- 025　婚姻不幸，创作丰收

- 029　"人似黄花瘦"
- 033　李清照对男权的切肤之痛
- 039　李清照青州隐居十年
- 043　爱情的"荆棘鸟"
- 048　金石夫妻
- 052　生离死别
- 058　误嫁张汝舟
- 062　李清照再嫁之谜
- 067　永远的李清照

第二章 古代才女遗珠

- 075　卓文君和《白头吟》
- 079　蔡文姬和《胡笳十八拍》
- 084　谢道韫和"咏絮才"
- 089　"女校书"薛涛
- 095　风流道姑鱼玄机
- 101　几首唐代女诗人名作
- 106　朱淑真和《断肠词》

第三章 西施：美的化身与救国大任

- 115　美女是"潘多拉的盒子"？
- 119　约定俗成话西施
- 123　正史记载的西施
- 129　西施入吴成为越国国策
- 132　吴越之争是怎么回事？
- 136　西施如何灭吴？
- 142　西施、范蠡为国舍爱
- 146　越国的"美女制造工程"
- 150　公元前的女"007"

第四章
王昭君：塞外琵琶幽怨多

- 159　昭君出塞定型
- 163　《汉书》《后汉书》记载"昭君出塞"
- 168　周旋于汉帝与单于之间
- 173　塞外琵琶幽怨多
- 178　名家巨匠咏昭君
- 182　昭君琵琶调被看成汉、匈和美曲
- 187　《汉宫秋》奇枝独秀
- 193　"八仙过海"演昭君
- 197　青冢——不朽的明证

第五章
貂蝉：亦真亦幻的身世

205　貂蝉横空出世

210　罗贯中惊鸿一瞥

215　貂蝉的天方夜谭

219　貂蝉和概念化描写

第六章 杨贵妃：回眸一笑百媚生

- 225 唐玄宗开元强弩之末
- 228 "云想衣裳花想容"
- 233 从"皆列土"到皆归土
- 236 李白、杜甫笔下的杨贵妃
- 241 诗人集体无意识地同情杨贵妃
- 245 千古绝唱《长恨歌》
- 249 《长生殿》的爱情神话
- 253 独树一帜的宠妃形象
- 258 唐玄宗和杨贵妃有真正的爱情吗？

263 结语

第一章

李清照:争渡,争渡,惊起一滩鸥鹭

李清照十六岁轰动文坛

中国古代才女如花，我首先给大家选择了"自是花中第一流"的那朵，来重点讲一下第一才女——李清照。

为什么要重点讲李清照呢？因为她是古代才女生存状态的典型代表。

第一，李清照的创作成就最高。中国古代文学成就主要集中在先秦散文、唐诗宋词、明清小说戏剧等，而在宋词的两大派别中，李清照是婉约派盟主，和豪放派盟主苏东坡相抗衡。

第二，李清照的两次婚姻尤其能看出在男权霸凌下女性的艰难和抗争。

第三，李清照不仅是一位柔婉女性，更是一个大写的人，一个顶天立地的人，一个对于今天的女性，甚至不只女性，都有所教益的人。

现在就让我们先来看下九百多年前十六岁的李清照是怎样以

"绿肥红瘦"轰动整个东京文坛的吧。当然，我这里所说的"东京"不是日本首都，而是北宋都城开封。

北宋元符二年，即公元1099年，有两首《如梦令》在开封不胫而走：

> 常记溪亭日暮，沉醉不知归路。兴尽晚回舟，误入藕花深处。争渡，争渡，惊起一滩鸥鹭。

> 昨夜雨疏风骤，浓睡不消残酒。试问卷帘人，却道海棠依旧。知否，知否？应是绿肥红瘦。

北宋是异族不断南下侵扰的时代，也是文学可以轰动的岁月，文学家能够决定治国方针，"问鼎国纲"，左右政局。"唐宋八大家"中的欧阳修、王安石、曾巩、苏轼，历史学家、《资治通鉴》的作者司马光，都活跃于政坛，他们"文以载道"，用后世广泛流传的美文来阐述他们的政治主张；他们之间政见不同，唇枪舌剑，各领风骚，因此升官，也因此贬官，甚至坐牢。在鲁迅先生的《准风月谈》中被称为"半当真半取笑"的王安石变法，是斗争焦点。因为"党争"，几次被贬官的天才诗人苏轼，花甲之年又被贬至惠州、儋州；因为写诗而带来"乌台诗案"大灾祸，他下定决心"焚砚弃笔"，不再写作，却偏偏总会因为"天涯何处无芳草"之类的新词丽句而引起包括皇太后在内的"忠实读者"狂喜不已……

两首《如梦令》一出现，有人便说："这准是翰林学士苏东坡的新作！""浓睡不消残酒""沉醉不知归路"，这不正是东坡居士纵酒放达的生活方式吗？"雨疏风骤""绿肥红瘦"，这样的字字珠玑，不正是东坡居士的遣词用字吗？这种耐人寻味的意境，没有苏东坡式的天才，焉能营造出来？不过，奇怪的是，跟苏东坡那首一问世就被广为传唱的《蝶恋花·春景》相比，这两首《如梦令》清丽妩媚，天真烂漫，有扑面而来的青春气息。

据知情者说，这两首《如梦令》是十六岁少女的作品，她叫李清照，父亲李格非，是"苏门后四学士"之一，曾掌管太学。一个十六岁少女居然写出了可以与"词坛泰斗"苏轼相媲美的词，真是太不可思议了！

北宋文坛的豪放派领袖苏轼，被贬官岭南数年，传说他因受湿热，已"病不能冠带"。"江山代有才人出"，就在一代文豪苏东坡似红日西坠之时，身处"孔孟之乡"的一个红妆少女却如一轮新月横空出世，继柳永之后，绘成神州文坛的另一道亮丽风景——跟以苏轼为代表的豪放派分庭抗礼的婉约派。

李清照为什么能成为中国古代第一才女呢？天才总是有着特殊的悟性和灵性，一般人再用功、再刻苦，都无法拥有。而出生在"泉城"济南，以及家庭的特殊生活氛围，对造就李清照的特殊艺术修养，尤其是对两首《如梦令》的产生，有着重要影响。

济南，又称"泉城"，有七十二名泉，趵突泉是其中之冠，被誉为"天下第一泉"。趵突泉公园里另有"漱玉泉"，漱玉泉北侧建有李清照纪念堂。郭沫若曾写下一副著名对联：

大明湖畔，趵突泉边，故居在垂杨深处。
漱玉集中，金石录里，文采有后主遗风。

学术界公认，李清照的词主要是承传李后主[①]，且将两人并提："男中李后主，女中李易安，极是当行本色。"（沈谦《填词杂说》）李清照的词集叫《漱玉集》，她丈夫赵明诚的金石专著叫《金石录》。但李清照是否在趵突泉边、大明湖旁住过，却值得怀疑与考察。徐北文教授在《李清照全集评注·前言》中考证道："李清照是否幼年居于济南呢？考《宋史·文苑传》，李格非中进士后，历任冀州、郓州、开封、洛阳等地官职，后居官京东路（治所在青州），均未在济南任职。"

我的师姐陈祖美教授在《李清照评传》中，根据章丘发现的宋代石碑上的《廉先生序》（末尾署"元丰八年九月十三日绣江李格非文叔序"）提出：李清照出生于章丘，现在叫济南市章丘区。那么，李清照的故居应该是"漱玉泉边，故居在垂杨深处"。

[①] 李后主：李煜（937—978），字重光，南唐中主李璟第六子，南唐末代国主，中国五代词人，世称"南唐后主""李后主"。——编者注

章丘，北宋时属于济南府，因绣江河从章丘穿境而过，故别名为"绣江"，山青水绿，人杰地灵。泉水涓涓不绝，"周环二十里"的湖面上，鸥舞碧空，鱼翔浅底。段成式《酉阳杂俎》曾记载："湖中多莲花，红绿间明，乍疑濯锦。"

二十年前，我在《人民日报》发表散文《百脉泉与李清照》，这样写道："章丘百脉泉方圆半亩多，丝丝缕缕的泉水，像万斛珍珠，从地底直上涌出，喷珠溅玉，透澈空明。""多么神奇瑰丽、俊爽潇洒的一泓清泉！直径三米的池子正中，一股清澈的泉水，欢快地跳荡着，蹿出半米多高，形成硕大的水晶花冠，像盛开不衰的广玉兰，像四五朵白牡丹集束竞开。泉水为池底卵石映衬，水花银亮，枕流漱石，琤琤淙淙。这清冽圣洁的泉水，这生命的仙水，这大自然的玉液琼浆，美不胜收，令人心旷神怡，陶醉忘返。这清泉，名曰'漱玉泉'。"

李清照生长在章丘漱玉泉边，清泉是大自然赋予她的人格象征和终生精神的雨露。李清照自己仿佛就是从王母娘娘的瑶池露泄人间的一股清泉，几百年来滋润着亿万读者的心田。

李清照少年时在开封、洛阳和章丘间来回居住，她特别喜欢流连于湖畔，喜欢饮像醪糟一样的甜酒。她有时在溪亭宴饮，美景美酒惹人醉，直到暮色苍茫才想起亲人倚闾而望，忙拨浪急归，小船儿却偏偏"误入藕花深处"，惊起了荷丛深处的鸥鹭，扑啦啦地飞翔在蓝天碧水之间。

深秋时节，湖上"红稀香少"，"莲子已成荷叶老"，水草多半已经枯黄，李清照却仍耽于湖光秋色，夕阳斜照，渔舟唱晚，直到侍女频催，才肯让小舟归家。可是哪里知道，她想回家了，跟她非常熟悉的水鸟却和她怄气，扭过头去不跟她道别，好像在挽留她：天色还早呢，再跟我们聚一会儿吧！李清照便写了这样几句："眠沙鸥鹭不回头，似也恨、人归早。"我真遗憾李清照怎么不写童话。

《双调忆王孙·赏荷》中还有这样的句子："水光山色与人亲，说不尽、无穷好。"自少年时代就开始的对大自然的热爱，伴随了明月为魂、梅花为魄的李清照一生，可以设想：倘若笔下没有清泉、明湖，大词人李清照还存在吗？

苏东坡的再传弟子

有点文学史常识的朋友可能要问，苏东坡是豪放派盟主，李清照是婉约派盟主，那么李清照怎么能是苏东坡的再传弟子呢？请认真听我分析。

我们今天所谓的"宋词"，是从唐代就兴起的文学样式，苏轼等大文人叫它"小词"，李清照叫它"小歌词"。宰相晏殊曾写过不少著名的词，其中"无可奈何花落去，似曾相识燕归来"两句最有名。参知政事（相当于副宰相）王安石曾对晏殊说："为宰相而作小词，可乎？"可见"小词"不是庙堂之作，群众性特别强，词人的名气大小要以街头巷尾、娼馆酒楼唱其词作的次数来判断。

当时有一种说法：凡有井水的地方，都能唱柳永词。柳永，世称"柳七"，因其官至屯田员外郎，又称"柳郎中"。苏东坡都想和柳永比试比试。俞文豹《吹剑录》中有一段有趣的记载：苏轼问一个擅长唱歌的幕士："我词何如柳七？"幕士答："柳郎中词，只合十七八女郎，执红牙板，歌'杨柳岸，晓风残月'；学士词，须关西大汉，铜琵琶，铁绰板，唱'大江东去'。"苏轼听了哈哈大笑。这个名不见经传的幕士把宋词豪放、婉约两大派分别具有的豪放和细腻的特点讲得非常形象。

李清照有一篇重要的词学著作《词论》，却犯了名作家"客串"批评家的通病，把自己看得很高，对别人采取特别严格的法则。李清照对东坡词多有微词。她说苏轼的词"皆句读不葺之诗尔"，意思就是：东坡词都是不合音律的诗。苏轼以诗为词，有时"不协音律"，是他不乐意以音律害文意，并不是他不懂音律。据陆游《老学庵笔记》记载，苏轼曾亲自唱过《阳关曲》。李清照当然讲音律，且被公认为继柳永之后婉约派最突出的代表。有意思的是，李清照虽然不认识苏轼，好像也不太欣赏苏轼的词，却偏偏大大受惠于苏轼。这是为什么呢？因为她的启蒙老师晁补之是"苏门四学士"之一，她的父亲李格非是"苏门后四学士"之一。

李格非，字文叔，曾用"有竹堂"命名自己的书斋，也保持着如翠竹一样坚韧挺拔的人格。据《宋史》记载，李格非"以文章受知于苏轼"，跟廖正一、李禧、董荣并称"苏门后四学士"。

李格非为官清正，手不释卷，勤于写作。那时，五品以上的官员子弟可入国子监读书，李格非担任过太学正[①]。他每天从太学归家，就在有竹堂读书、写作。他主张写文章要敢于提出不同于他人的真知灼见。他在《洛阳名园记》中曾令人震惊地断言"洛阳之盛衰，天下治乱之候也"。后来西京洛阳果然陷入金人之手，说明李格非高瞻远瞩。李格非还主张写文章不要留斧凿痕迹，要"沛然如肝肺中流出"，要"以气为主"，而"气以诚为主"。这些文学追求给他的女儿李清照带来了深刻影响。

当李格非发现女儿的写作天赋时，他太高兴了，说："中郎有女堪传业！"他不会想到，李家娇女的文学成就不仅将超出蔡邕之女蔡文姬，还会遮住父亲的光芒。

李格非之妻是王准的孙女，王珪的女儿。王准之子是元丰时期的宰相，相门之家招了李格非等九个孙婿，都是进士及第，其中出了三个翰林、一位宰相。王准的曾孙婿则出了两个宰相：秦桧和孟忠厚。李清照和秦桧之妻王氏是近亲姐妹。人生竟然有这样不可思议的巧合，同一家姥姥门中出了两个天差地别的女性：一个是南宋时的爱国志士李清照，写出"生当作人杰，死亦为鬼雄"；一个是相国夫人秦王氏，陷害忠良，提醒秦桧不要把岳飞放虎归山，几百年来跟秦桧一起长跪岳飞墓前。历史竟然跟人开如此大的

[①] 太学正：学官名，隶属于国子监，辅佐博士施行教典、学规等。
——编者注

玩笑：彪炳史册的易安居士跟遗臭万年的秦桧夫人居然是表姐妹！

李清照"读书破万卷，下笔如有神"，她生长在不按"女子无才便是德"治家的翰墨之家，从小就在具有很高文学修养的父亲指导下博览群书。李清照的才情深得李格非的遗传，其学识主要归功于家学渊源。

在北宋政坛上，支持王安石变法的"新党"和保守派"元祐党人"是两个主要派别，"元祐"是宋哲宗赵煦的年号。宋哲宗即位时年仅九岁，由一贯反对变法的太皇太后高氏临朝听政，重用司马光、苏轼等旧党，废黜新法。高氏病故，宋哲宗亲政后，重新起用"新党"，贬黜"元祐党人"，苏轼被贬谪。晁补之也被贬官齐州，后因母丧，回到离章丘不远的金乡。这样一来，蛰居深闺的李清照"未出茅庐"，就不仅受到了"以文章受知于苏轼"的父亲的言传身教，还得到了词坛名家晁补之亲授词艺！

晁补之是"苏门四学士"之一，跟李格非要好。据朱弁《风月堂诗话》记载，晁补之曾公开称赞少女李清照杰出的写作才能。在"苏门四学士"中，黄庭坚和张耒的主要成就是诗歌，秦观和晁补之的主要成就是词。晁补之词的成就之一是以词写柔情，包括夫妇之情。李清照后来将这种写法发挥到极致，追根溯源，不能不考虑她初学写作时得到的高手指导。

天才和机遇如影随形，甚至可以说，天才有天才的特别运转机制。天才与天才之间常常有着类似前世注定的微妙关系：宋词两大派别的词风如春兰秋菊，婉约派盟主李清照却偏偏是豪放派盟主苏东坡的"双料"再传弟子。李清照的生活环境绝不能跟"师爷"苏东坡、老师晁补之，甚至她的父亲李格非相比。李清照的生活中没有金戈铁马、大漠孤烟，只有锦瑟银筝、玉炉沉烟；没有官场的尔虞我诈、你死我活，只有书香门第的父慈母爱、姐贤弟友。李清照的世界是一个纯粹的女性世界，完整的女性世界，优美的女性世界，特殊的女性世界。这个世界赋予了李清照特殊的创作灵感，她游弋其间，如鱼得水，最终在中国文学版图上增添了一个新"省份"——婉约派。

赵明诚梦做"词女之夫"

北宋京城开封文坛，名家会聚，佳作频出。而妙龄少女李清照的《如梦令》一出，立即洛阳纸贵，街头巷尾传唱，文人奔走相告。此时，太学生赵明诚却害了相思病，想把这位才女娶回家。

所谓"太学"，是宋代官学，五品以上的官员子弟可入读。李清照的《如梦令》问世不久，开封就纷传一件奇闻：太学生赵明诚对父亲说，他午睡时在梦中看到一本书，醒来后记住其中几句："言与司合，安上已脱，芝芙草拔。"赵挺之给儿子解梦说："'言与司合'是'词'，'安上已脱'是'女'，'芝芙草拔'是'之夫'，不就是说你要做'词女之夫'？"

世上有如此巧梦吗？可惜弗洛伊德不知道，否则可以将此作为解梦的奇特案例之一。太学生的相思情深不难理解,"新党"政要赵挺之居然要借助梦兆跟"元祐党人"联姻,就值得推敲了。为什么这样说呢?因为赵明诚的父亲赵挺之和李清照的父亲李格非在政治上势不两立。赵挺之是王安石变法的拥戴者,属于所谓"新党",他和保守派"元祐党人"苏轼、黄庭坚等结怨很深。苏轼和他的追随者对赵挺之等"嬉笑怒骂,皆成文章",讽刺、挖苦,无所不至。赵挺之做监察御史时就几次弹劾苏轼,或者罗织罪名,说他起草的诏书"民以苏止"是"诽谤先帝";或者牵强附会,说他在学士院策试廖正一馆职时的《辩试馆职策问札子》大成问题,如果他得势,将对大宋不利。《续资治通鉴·宋纪》:

> 苏轼学术,本出《战国策》纵横揣摩之说。近日学士院策试廖正一馆职,乃以王莽、袁绍、董卓、曹操篡汉之术为问,使轼得志,将无所不为矣。

赵挺之从苏轼的字里行间挑毛病,无所不用其极。苏轼及其追随者与赵挺之交恶几十年,其中有政见之争,也有意气之争。政治派别不同,甚至发展成了生理性厌恶,并最终害死了著名诗人陈师道。陈师道是"苏门六君子"之一,他深夜到郊外皇家祠堂守灵,没有裘衣御寒,妻子便到妹妹家借了妹夫的一件裘衣,而这位妹夫恰好是赵挺之,王安石的忠实追随者。陈师道一听说借来的裘衣是虽然近为连襟却势同水火的赵挺之的,立即认为是奇耻大辱，对妻子发火道："汝岂不知我不著渠家衣耶！"他死活不穿，结果受寒得病而死。赵挺之的一件裘衣竟害得江西诗派年辈最长、声望最高的陈师道活不过五十岁，苏门文士对赵挺之的蔑视程度可想而知。

不可思议的是，现在政治上的两个死对头要联姻了。当然，这是赵挺之一手策划的。

虽然说"天下爷娘疼小儿"，但是赵明诚作为赵挺之最小的儿子，却因喜欢搜集苏东坡的字画，而不太受赵挺之喜欢。那么，这位跟苏门文士不共戴天者是犯了什么病，突然支持儿子向"苏门后四学士"之一的李格非求亲呢？除了将顶尖才女充做赵氏门楣的"装饰"，变幻莫测的政局应该对赵挺之的联姻选择起了相当大的作用。

元符三年（1100）正月，宋哲宗去世，其弟端王赵佶即位，是为宋徽宗，由向太后临朝听政，"时号小元祐"。改革派失宠，向太后罢章惇相，起用韩忠彦为门下侍郎（宰相）。宋哲宗时期被贬的官吏，已死的追复其职，录用子孙，如司马光；未死的赦免内迁，如苏轼。李清照的父亲在这种情况下被提升为礼部员外郎，而且李家世受韩忠彦家知遇之恩，韩忠彦为门下侍郎，李格非鹏飞指日可待。赵挺之操纵这段婚姻，显然是政治上的权宜之计，是处于劣势时借子女联姻向元祐政敌暗送秋波。我这样说，是有道理的。后来李格非失势，赵挺之对亲家和儿媳妇落井下石的残酷态度，可以证明当初他和李格非联姻完全是权变，是实用主义。

如果说赵挺之求亲带着政治投机因素，那么，李格非允婚则多半是感情用事，而且他在决定女儿的终身大事时，很可能征求了女儿的意见，因为李清照已经在跟赵明诚偶遇时，对他一见钟情了。赵明诚是靠太学同学、李清照堂兄李迥牵线搭桥，以拜师为名来到李家而遇到李清照的。这一猜想，不是我考证出来，而是我的师姐陈祖美教授在《李清照评传》中提出来的。

在赵挺之、赵明诚父子广造"词女之夫"舆论的同时，赵明诚最现实的选择是让心目中的岳父欣赏自己。恋爱中的人最聪明，赵明诚想出了以拜师为名拜见李格非：太学生赵明诚拜见前任太学正李格非无可厚非，拜访者和被拜访者心照不宣。赵明诚的这次拜见至关重要，不仅让李格非认可了玉树临风的未来女婿，还意外地让李清照对赵明诚一见倾心。赵明诚到李家拜访时，李清照刚下秋千架，她猛然看见京城盛传的命中注定要做"词女之夫"的赵明诚，慌乱得鞋丢了、金钗掉了，脸儿羞得通红，虽然慌忙跑开了，却情不自禁地回头再瞧一眼这个拜访者，因为这个拜访者将来没准儿真是托付终身之人。可是李清照又怕被他看轻，给侍女说笑，就在扭头观瞧的一刹那，机警的她假装嗅闻青梅。就这样，李清照的名作《点绛唇》应运而生：

蹴罢秋千，起来慵整纤纤手。露浓花瘦，薄汗轻衣透。　见客入来，袜刬金钗溜。和羞走，倚门回首，却把青梅嗅。

这哪儿是词？简直是一幅精彩生动的怀春少女行乐图！这是李白《长干行》中"青梅竹马"的再创造，是《西厢记》中五百年前冤家"佛殿相逢"的经典场景！

封建卫道者却对李清照的这首词横加指责，王灼《碧鸡漫志》："轻巧尖新，姿态百出。闾巷荒淫之语，肆意落笔。自古缙绅之家能文妇女，未见如此无顾藉也。"后世的某些卫道文人为了维护李清照所谓的"名誉"，干脆认为这首词写得太不像话，不会是她的作品。清初贺裳在他的《皱水轩词筌》中即认为，李清照是堂堂名门闺秀，又有诗名，不至于不穿鞋、只穿袜子行走。他还认为含羞迎笑、倚门回首是"市井妇女之行径"，因而，这首《点绛唇》是"无名氏"所作，文学源头则是韩偓的"见客入来和笑走，手搓梅子映中门"（《偶见》）。

卫道者们却不知，李清照之为李清照，正因为她天性烂漫，敢做敢写，不守常规。而对李清照产生深刻影响的作家，恰好就是晚唐著名诗人韩偓的《香奁集》。我们看看他的《寒食夜》：

恻恻轻寒剪剪风，杏花飘雪小桃红。
夜深斜搭秋千索，楼阁朦胧细雨中。

经过一番精心运作，赵挺之正式向李格非为赵明诚求聘李清照，两家不仅门当户对，且是山东老乡，结为姻亲可谓水到渠成。

李清照燕尔新婚

李清照有一首《渔家傲》：

> 雪里已知春信至，寒梅点缀琼枝腻。香脸半开娇旖旎，当庭际，玉人浴出新妆洗。　造化可能偏有意，故教明月玲珑地。共赏金樽沉绿蚁，莫辞醉，此花不与群花比。

宋词在当年是一句一句柔声细唱的，现在也得一句一句来细细体味，翻译成白话就韵味全无了。不过，为了说明我体会出的这首词的内涵——和大多数宋词研究专家阐述的内涵有所不同，我却不得不用白话。

"雪里已知春信至，寒梅点缀琼枝腻。"白雪皑皑的银色世界里，晶莹剔透的寒梅点缀在覆雪悬冰的梅枝之上，迎风傲雪而放，带来了春天的消息。

"香脸半开娇旖旎，当庭际，玉人浴出新妆洗。"枝头初绽的梅花芳气袭人，像皎洁美丽的少女刚刚浴罢，此刻正在梳妆。

"造化可能偏有意，故教明月玲珑地。"大自然可能也比较有意，才让清澈的月光将大地映照得如此明亮。"共赏金樽沉绿蚁，莫辞醉"，让我们共举金杯，畅饮美酒，为这花好月圆一醉方休！

"此花不与群花比"，大自然群花竞艳，但什么花也比不过冰雪中的梅花。

对于这首《渔家傲》，宋词研究专家都解释为咏梅词。我从女性心理学的角度来分析，则认为这首词应该是李清照迎接新婚大喜时以梅自喻的写意图，它细腻生动地写尽了李清照对美满爱情的憧憬，活画出她"此花不与群花比"的顾影自怜，以及对"天作之合"的志得意满。根据这首词，我能想象出当时的场景：瑞雪纷飞喜期近，准新娘李清照按照周礼和"孔孟之乡"的古老婚俗，以香汤沐浴，开脸上头。这是新妇上轿前必须经过的程序：用一根细线绞去面部细小汗毛，谓之"开脸"；再将头发盘成少妇发式，谓之"上头"。对镜自照，出浴少女多像漫天大雪中绽放于枝头的梅花！窗外大雪压琼枝，暗香浮动，娇娜无双。一千多年前的才女谢道韫曾将飞雪比为"柳絮"，而有咏絮之才的李清照看着皑皑白雪，却将自己比喻为雪中之梅。她的心里像是吹进了融融的春风：莫非上天格外垂青？与明诚合卺之日恰逢月半，金童玉女，花好月圆，共举金杯，畅饮美酒之日就在眼前！

有情人终成眷属，宋徽宗建中靖国元年（1101），十八岁的李清照与二十一岁的赵明诚喜结连理。

李清照嫁到赵家时，娘家如鲜花着锦，婆家似烈火烹油，她可以高官宝眷的身份进入皇宫赏花，又因自己的才名而受到特别优待，坐在离皇帝很近的地方，在众多女眷中鹤立鸡群。她觉得自己像一朵娇媚的鲜花，连天上的明月都在为自己绽放笑容。有时，她坐着宝马香车，到"明光宫殿"参加皇家宴会，享受着只有皇帝信任的近臣才能享受到的殊荣，可以不拘形迹地喝个大醉："金樽倒，拼了尽烛，不管黄昏。"（《庆清朝·禁幄低张》）

新婚中的李清照，笔上好像蘸饱了蜜汁，满是皎月、绮筵、金樽、美酒。她还特别钟爱鲜花，她写芍药容华绰约，"就中独占残春""一番风露晓妆新"；她写桂花色淡香浓，"何须浅碧轻红色""画阑开处冠中秋"。李清照分明是以花喻己，"自是花中第一流"，素淡清香，风韵雍容，占尽春光。李清照良好的自我感觉得到了赵明诚的热烈呼应，她的名作《减字木兰花》描画出一幅新婚夫妇以花传情的闺房欢情图：

> 卖花担上，买得一枝春欲放。泪染轻匀，犹带彤霞晓露痕。　　怕郎猜道，奴面不如花面好，云鬓斜簪，徒要教郎比并看。

李清照买到一枝带着露珠、含苞欲放的红梅花，它带来了春色、春光、春意和春情。新婚燕尔的李清照心情格外舒畅，她顽皮地想叫丈夫说说，是花好看，还是她好看，总不至于"奴面不如花面好"吧？她把花朵斜簪在乌黑的发髻上，让红梅花跟花样的面容比比看吧。

李清照跟赵明诚不仅门当户对，而且珠联璧合。

赵明诚是修养很高的金石学家，宋代人把他跟欧阳修并称

"欧赵"。宋代有两部最杰出的金石学著作,即欧阳修的《集古录》和赵明诚的《金石录》。那么,什么叫金石学?金石学是中国考古学的前身,是以古代青铜器和石刻碑碣为主要研究对象的一门学科,偏重于著录和考证文字资料,以达到证经补史的目的。而我的定义很简单:金石学就是考察和研究青铜器等出土文物,并撰写文章。那么,前提当然是收藏了。

赵明诚的金石之好,从做太学生时就开始了。赵挺之的官位虽不低,但他似乎不是贪官,没有支持赵明诚搜集金石文物的家底。每到初一、十五,赵明诚就从太学请假出去,然后典当衣服,换得半贯钱,到大相国寺转悠,寻找金石碑刻。每次购买金石碑刻他都想着新婚爱妻,总是一手抱着心爱的碑刻,一手捧着给爱妻买的水果,兴高采烈地回家。小夫妻俩一边欣赏、研究碑文,一边品尝脆枣、酸梨等,觉得自己是在享受不计名利荣辱的葛天氏之乐。有一次,赵明诚看到有人在卖一幅牡丹图,判定是南唐著名画家徐熙存世不多的作品中的佼佼者,便问卖家要多少钱。卖家出价:"二十万钱!"赵明诚跟卖家说,先把画交给我,我想办法凑钱给你。徐熙的牡丹图在赵明诚手里放了两天,夫妻二人爱不释手,但即使将他们的值钱东西都典当了,也凑不出二十万钱,只好扫兴地将画送了回去。

李清照的新婚岁月,是张敞画眉,神仙眷侣的时光;是西窗剪烛,诗酒唱和的时光;是志趣相投,夫唱妇随的时光;是梅妒菊羞,富贵优雅的时光……

可惜，好景不长，随着政局的风云变幻，李清照的人生落进了谷底。

李清照被逐之谜

李清照婚后不久，北宋政局如狂风恶浪，天翻地覆。"元祐党人"的保护神向太后去世，政权交到了宋徽宗手中。北宋历史上最荒淫的皇帝任命善谋私利的蔡京为翰林学士，昏君和奸相，彻底启动了宋王朝的亡国之旅。

平日喝一碗羹要杀几百只鹌鹑、一次宴会仅蟹黄点心就费钱一千三百贯的蔡京，过去在政治斗争中两面讨好，大权在手就双向出击，既打击保守派，也打击变法派。崇宁元年（1102）九月，蔡京在宋徽宗的授意下，列举了一份名单，定司马光、韩忠彦、苏轼等一百二十人为"元祐奸党"，由皇帝御书"党人碑"，立在朝廷端礼门前，已死者削官，活着的贬官流放，又把向太后执政时的变法派分成正、邪两类，排为上、中、下三等，邪类五百人或降职或斥责……

"党人碑"上，李格非赫然在列。李清照心急如焚，急忙上诗恳求公爹营救父亲。全诗今已失传，据零星记载，诗写得情真意切，有"何况人间父子情"之句，"识者哀之"。（张琰《洛阳名园记》序）可是，赵挺之却不为所动。谁又能想到，李格非罹难，赵挺之难脱干系呢？据《宋史·赵挺之传》记载，赵挺之"排击元祐诸人不遗力"。另外,《续资治通鉴》《建炎以来系年要录》等史书也记载,确定"元祐奸党"名单的权贵中就有御史中丞赵挺之。

两年前赵挺之主动跟李格非联姻,现在却亲手把亲家推进党争陷阱,并大张旗鼓地和其划清界限。因为这样的邪恶手段,赵挺之在宋徽宗亲政,权力重新组合时站对了队,从而官运亨通。崇宁元年(1102)五月,赵挺之担任尚书右丞;八月,赵挺之升迁尚书左丞;九月,李格非被列为"元祐奸党"……身处深宅内院的李清照岂能想到,父亲之所以被列入"黑名单",罢官返回原籍,是公爹推波助澜造成的呢?而且,他还因此连升三级!

转过年来,赵挺之又升了官,"除中书侍郎",赵明诚也因父荫"出仕宦"(做官)。九月,宋徽宗下诏"宗室不得与元祐奸党子孙为婚姻",李清照被遣离京城。

这很说不过去。"未嫁从父,既嫁从夫",李清照已是"赵李氏",赵挺之难道不该将幼子至爱的妻子留在京城吗?其实这道禁婚令本来不能奈何李清照。其一,禁婚令不是离婚令。"宗室不得与元祐奸党子孙为婚姻"指的是"今后",诏令明确规定:"已定未过礼者并改正",即已经订婚但还没下定礼的要放弃婚约,下了定礼的婚姻可以进行,既成婚姻当然更不在其内。其二,"宗室不得与元祐奸党子孙为婚姻",规定皇族不可以跟元祐党子孙结婚。山东诸城赵家,跟河南洛阳赵匡胤家不是一家。赵挺之的官不是因为他是皇族,由皇帝送的,而是通过科举考试一步步被选拔上来的,他却故意攀龙附凤,硬要挤进"宗室",煞有介事地执行"不得与元祐奸党子孙为婚姻",并将禁婚令扩大化,把已经过门两年的李清照遣离京城。

更不可思议的是,株连元祐党子女正是赵挺之出谋划策的结果。据史书记载,赵挺之"首陈绍述",即他首先向皇帝提出"宗室不得与元祐奸党子孙为婚姻"的建议,并且慷慨陈词必须这样做的理由。在豪门官宦联络有亲的情况下,赵挺之悖情、悖理、悖人伦,进行了一场"大义灭亲"的庙堂作秀!

历史经验多次证明,封建婚姻从来就是一种政治制度,是一种微妙而有效的政治手段。它会因为政治需要而开绿灯,也会因为政治需要而亮红灯。李清照的婚姻就是如此。

李清照之父李格非在党派斗争中失利,被削职为民,遣回原籍山东章丘。娘家失势,需要忍辱负重时,李清照却偏偏在太岁头上动土。她呈给公爹赵挺之的诗中有这样一句:"炙手可热心可寒。"意思是:您虽然权势登峰造极,却心如铁石,一点儿人味都没有!

犯官之女竟然胆大包天地对掌握生杀大权的尚书左丞说:"炙手可热心可寒。"年仅二十岁的齐鲁才女李清照真是风骨凛然、铁骨铮铮!

儿媳妇对公爹如此不敬,简直罪至"七出",可以想象,有如此倔强反骨的李清照怎能见容于翁姑?她因为有"词女"盛名,早就流露出在婆家孤芳自赏、顾影自怜的情绪,她的词里有"玉骨冰肌未肯枯""妒风笑月""谁人可继芳尘"等语。李清照没有意识到,也不可能意识到,在封建家庭,儿媳妇能不能得到公婆的喜爱,并不取决于有没有学问,能不能写出在社会上有影响的诗啊、词啊,而完全是由其他因素决定的。李清照因为自己博览群书,因为自己是著名的"词女",就认为自己"此花不与群花比",在赵家妯娌当中出类拔萃,那么,在她遭难的时候,又怎么能求得两位嫂嫂的帮忙呢?而且,退一万步来说,即使两位嫂嫂同情她、维护她,她们在封建家庭当中又有多少发言权呢?

今非昔比,当初被欢天喜地迎进赵家的李家才女,如今成了双重"贱民":娘家败落,贬回原籍;自己进门两年多,没给赵家添丁。不育,这才是要害中的要害,才是揭开李清照被逐谜底的钥匙!为什么这样说呢?宗法制度下的女人,哪怕"气质美如兰,才华馥比仙",如果不能担负起传宗接代的责任,那么,在家庭中的地位就连目不识丁的蠢妇都不如,只要那蠢妇能生下哪怕半傻的儿子!

缙绅家中的嫡妻如不生育,纳妾可也;即使正妻有子,仍可姬妾满堂。但是,李清照与赵明诚是新婚夫妇,如胶似漆,看来只要她还在京城,赵明诚三五年内就不会纳妾。这样一来,借"党人碑"把小儿媳逐出京城,再给小儿子纳妾求孙,就成了赵挺之夫妇的最佳选择。

史书有明确记载,"赵君无嗣",赵明诚没有继承人。那么,责任是否在李清照不育?未必。我有充分的理由相信,该负"无嗣"之责的正是赵明诚本人。

李清照所处的时代既是男人可以寻花问柳、纳妾收房的时代，也是嫡妻地位神圣不可侵犯的时代。不管多么得宠的侍妾、丫鬟，生的儿女，名分上都是属于嫡妻的，就像《红楼梦》中探春和王夫人的关系一样。而种种迹象表明：赵明诚不仅没有"弄璋之喜"，他连女儿也没有。据陆游给孙氏写的墓志铭透露，李清照晚年曾想以毕生学问教年轻的孙氏写词，可孙氏竟然以"才藻非女子之事"谢绝了。假如赵明诚的侍妾生过女儿，李清照可以教庶女写词，她就不用再找那个愚不可及、自以为是的女人了。从这条旁证可以推测，不仅李清照从未生育，赵明诚的其他姬妾也概无生育！据史书记载，赵明诚只有两个侄子，"赵君无嗣"主要是因为赵家香火不旺，可很早就替他背上"不生麟儿"十字架的，却是才女李清照。

新婚燕尔的李清照，因为不可思议的各种事情，被逼入几近弃妇的悲惨境地，陷入了感情的冰寒地狱之中。

婚姻不幸，创作丰收

《淮南子》云："舟覆乃见善游，马奔乃见良御。"新婚不到三年就被遣回娘家的李清照，文思如泉，汩汩而出，如《一剪梅》：

红藕香残玉簟秋，轻解罗裳，独上兰舟，云中谁寄锦书来？雁字回时，月满西楼。　　花自飘零水自流。一种相思，两处闲愁。此情无计可消除，才下眉头，却上心头。

人们通常把《一剪梅》看作李清照表达对赵明诚的思念之情，其实我觉得不单纯是妻子思念丈夫，还有更深的内涵。如果丈夫跟妻子身居两地、情发一心，妻思夫就是甜蜜的思念。如果妻子苦苦思念丈夫时，丈夫却跟别人卿卿我我，那么这种思念就是苦涩的单相思，深层内蕴就是哀怨。这哀怨像磨盘一样压在心头，像驱不走的梦魇，无计消除，又不能直接说出，只能诉诸"思念"笔墨。我的解读是：优美动人的《一剪梅》曲折反映了李清照非常不喜欢的事，那就是赵明诚纳妾了！而根据封建礼教，赵明诚纳妾，李清照既无权反对，也不能把她的不满说出来。

赵明诚此时已得到皇帝授予宰辅大臣子弟的职务，担任鸿胪少卿，即主管朝祭礼仪者的副手。在赵挺之夫妇的关怀下，赵明诚外出归家，有小妾嘘寒问暖；深夜读书，有红袖添香，也就是通房丫鬟陪伴。当时，即便赵明诚不是相府公子，只要是男人，他就有纳妾权利。丈夫有了别的女人，李清照能不能不高兴？不能。不仅不能，她还得对有人替她照顾丈夫表示欣慰，绝不能妒忌，要乐意跟别的女人分享赵明诚，或者说共同伺候赵明诚。李清照表面上是这样做的，但内心却痛苦到极点，于是，"此情无计可消除，才下眉头，却上心头"这一名句应运而生。

爱情本是排他的，不可救药的是，李清照偏偏是一个"文学女人"。"文学女人"的致命弱点就是专门相信男人高兴时说的各种各样的美丽谎言,比如,"我心匪石""我心匪席""山无陵,江水为竭,冬雷震震,夏雨雪,天地合,乃敢与君绝""愿为连根同死之秋草,不作飞空之落花""我心坚,你心坚,各自心坚石也穿""两情若是久长时,又岂在朝朝暮暮",等等。岂不知,山未变,水未变,曾山盟海誓的郎君怀中却已另有他人!

痴情的"文学女人"李清照有什么办法呢?什么办法也没有!她不能学武则天弄一帮北门学士、学山阴公主找几个面首,也不能红杏出墙,只能用深情、用生花妙笔打动丈夫,希望他心中尽量多给"结发妻"留点儿位置!

在讨论李清照的婚姻时,有不少人极力辩驳赵明诚纳妾,其实这是以现代观点替古人担忧。中国古代男人纳妾比现代人离婚还容易,不要说李清照已经离开京城,赵明诚理当纳妾,就是李清照还在京城,只要赵明诚高兴,同样可以纳妾收房,甚至可以把李清照从娘家带来的"却道海棠依旧"的"卷帘人"收作通房。这是封建社会赋予他的不容置喙的夫权。细细琢磨李清照夫妇睽离时,她所写的关于"愁"的词句,可以发现,这里面的深刻内涵,恰好是封建社会司空见惯的男权霸凌落在绝代才女身上时,李清照不可抑制的极度恐惧和无法释怀。

司马迁《报任安书》中有一段名言:

古者富贵而名摩灭,不可胜记,唯倜傥非常之人称

> 焉。盖文王拘而演《周易》；仲尼厄而作《春秋》；屈原放逐，乃赋《离骚》；左丘失明，厥有《国语》；孙子膑脚，《兵法》修列；不韦迁蜀，世传《吕览》；韩非囚秦，《说难》《孤愤》；《诗》三百篇，大底圣贤发愤之所为作也。

周文王在被商纣王囚禁时，将八卦推演为六十四卦而成《周易》；孔子周游列国，在陈、蔡受困，回国后发愤写作《春秋》；屈原遭放逐，从而写出传唱千古的《离骚》；鲁国太史左丘明双目失明，才写出国别体著作《国语》；孙子被庞涓削去膝盖骨，发愤报仇，以巧计打败庞涓，并写下《兵法》……艰难困苦，玉汝于成，古代圣贤的作品都是其发愤之作，他们受到挫折，受到打击，遭受磨难，以血泪诉诸笔端。经霜梅花分外香，多少大富大贵、官高爵显者都已经烟消灰灭，而这些珠玑般的文字却千秋万代地流传下去。

司马迁所举，都属男人的作品。女人跟男人有着完全不同的境遇，因而具有迥然不同的思维。社会将男人放到政界、撒向疆场，而将女人关进家庭、圈回闺阁；男人放眼出将入相、光宗耀祖，女人则只能关注家长里短、儿女情长。千百年来，有无数女人因爱情失意而痛苦，但到了李清照，这苦、这痛、这无奈、这伤怀，才被发挥到极致，并获得迄今为止仍算最高的审美表现。从这个意义上说，李清照婚姻的不幸，跟周文王、孔子、屈原、孙子在政治上的厄运别无二致！"螺蛳壳里做道场"，李清照以细腻的女性意识描写细微的人类感情而达到的细致精巧，及其作品的艺术水准，跟顶尖男性大师在关乎国计民生的大命题上所达到的壮怀激烈、博大雄浑，虽风格不同，却有同样价值。

九百多年前封建政治家兼封建大家长赵挺之的小算盘，变成了一把文学史上的双刃剑，它让少妇李清照饱受炼狱般的煎熬，又让才女李清照淋漓尽致地感受别离之苦和别离之思，体验被冷落的猜疑之苦，她像屈原泽畔苦吟一样，潜心而无助地忖度着"情"为何物，以生花妙笔描写了以往文学史中最寂寥的一个领域，最终写出了一批中国古代诗词中最有成就的华章！

骑青牛出函关的老子说得好，"祸兮福之所倚，福兮祸之所伏"。倘若李清照一直生活在"天上神仙府，人间宰相家"；倘若李清照与丈夫一直和和美美，白首偕老，子孙满堂，那么，现在大学中文系的必修课"古代文学史"，还讲"宋词婉约派"吗？

历史真得感谢政治上患得患失的赵挺之，为求后嗣而棒打鸳鸯的赵挺之。

"人似黄花瘦"

被逐回山东娘家的李清照形影相吊、冷清寂寞，她一厢情愿地认为，既然她是著名"词女"，既然赵明诚连梦中都要做"词女之夫"，那么他就不会把她当作一般女子对待，即便不得不分离，也会和她恩爱如初；即便赵明诚已经纳妾，他们这对从结婚就成了"夫妇兼朋友"的知音，跟一般妻妾并存的家庭也不一样，丈夫心中地位最重的还是妻子。她那么相信文学的力量，苦苦地向丈夫含泪倾诉，一次一次地把她的新作寄到丈夫身边。

这次，她给赵明诚寄来一首《醉花阴》：

薄雾浓云愁永昼，瑞脑销金兽。佳节又重阳，玉枕纱厨，半夜凉初透。　东篱把酒黄昏后，有暗香盈袖。莫道不销魂，帘卷西风，人似黄花瘦。

最后一句，有不少版本采用"人比黄花瘦"，但现存最早的宋人选编的宋词总集《乐府雅词》所记载的却是"人似黄花瘦"。从词义上看，"人比黄花瘦"，似乎把人的不幸写得很到位，但实际上，"人似黄花瘦"是把自己比作在肃杀的秋风中的菊花，这更符合李清照以花自比的习惯。我们一句一句地体味李清照的这首词，会发现"人似黄花瘦"描写得多么精彩。

李清照用新词诉说"每逢佳节倍思亲"，九九重阳阖家团圆时刻，她却和夫君分离两地，天各一方，看着满天的薄雾浓云，她思忖着怎么独自挨过漫长的白天和孤枕凉透的、更加寂寞的长夜。她在傍晚时，孤零零地赏菊，菊花暗香浮动，使得她的整个身体都沉浸在这种氛围之中，仿佛自己也变成了一枝傲霜而放的菊花。她孤孤单单地饮酒，借酒消愁愁更愁，觉得自己因为政坛上的两派之争而被逐回山东娘家,就像被萧瑟秋风吹打的雏菊,慢慢变成满地堆积的枯萎黄花一样,也在思念的愁苦之中,不断地瘦损……

李清照天才的词句深深震撼着赵明诚。据热衷于小道消息的闲书《琅嬛记》记载,赵明诚接到李清照的《醉花阴》后,叹赏再三,明知自己的才气比不上妻子,又好胜心切,想超过妻子,于是闭门谢客,花费三天三夜写出五十首词,然后把李清照的这首词混到里面,送给朋友陆德夫,请他判定自己的"近作"哪首最好。

陆德夫玩赏再三后,叹道:"只有三句最好。"

赵明诚迫不及待地问道:"哪三句?"

陆德夫说:"莫道不销魂,帘卷西风,人似黄花瘦。"

这三句恰好出自李清照的《醉花阴》!

作为一个生活范围极其有限的闺秀作家,李清照特别善于观察大自然的风风雨雨、花花草草,特别喜欢用花来比喻自己。前面我已经讲过,李清照在新婚将至时,曾经用梅花自喻,现在被逐回娘家,她又在《玉楼春》中,把梅花当作跟自己命运相同且关心自己的朋友:

> 红酥肯放琼苞碎,探著南枝开遍未。不知酝藉几多香,但见包藏无限意。　道人憔悴春窗底,闷损阑干愁不倚。要来小酌便来休,未必明朝风不起。

什么意思？色泽滋润的红梅像是红色的美玉，有着鲜嫩的花苞。她询问那些靠近阳光的花枝，你们的花儿都开了吗？红梅像不得宠的词人，知道自己虽没开放，但蕴藏无限迷人的香气，它劝慰词人：你还在春窗下忧伤、在思念中憔悴，还在愁苦万端，百无聊赖吗？快来一起喝一杯吧，说不定更大的风雨就要来了。

《行香子·七夕》则想象鹊桥已经搭起，牛郎与织女却因各种阻碍而相聚不成，表达了李清照的离情别恨：

> 草际鸣蛩，惊落梧桐，正人间、天上愁浓。云阶月地，关锁千重，纵浮槎来，浮槎去，不相逢。　星桥鹊驾，经年才见，想离情、别恨难穷。牵牛织女，莫是离中。甚霎儿晴，霎儿雨，霎儿风。

牛郎与织女鹊桥相会的故事，是中国古代描绘夫妇久别之后团聚的典故。韩鄂在书中引用《风俗通》的文字称：牛郎和织女每年七月七日在天河相会，由喜鹊给他们搭桥。张华在《博物志》中写道：天河与海可通，有浮槎往来于天上、人间，每到八月必至，从不失期。有人矢志要上天宫，带了许多吃的东西，乘上浮槎，航行十几天到了天河，看到牛郎牵着牛在河边饮水，织女却在遥远的天宫中。

在男性作家们看来，夫妻一年只见一次未免太过残酷，而被遣离东京、回到娘家的李清照却认为一年相见一次的牛郎与织女是幸运的，因为他们毕竟有准确的相见日期，喜鹊也会主动替他们搭桥，夫妻相见时还是真心相爱，这比她强多了。

李清照是被婆家遣回娘家的，如果赵家不派人来接她，她就不能主动回到丈夫身边。而赵家是否派人来接，以及什么时候派人来接，既取决于风云变幻的政治局势，也取决于公公婆婆是否高兴，更取决于丈夫身边有没有他更加宠爱的女人。所以，在李清照的笔下，她和丈夫本来应该像牛郎与织女那样终有相见之时，可是却遇到了愁云惨雾，就是坐着仙槎，也会擦肩而过，不能相逢。"甚霎儿晴，霎儿雨，霎儿风"，既是写不能预料的赵家家庭变故，也是写政坛上变来变去的党派之争。

被逐回章丘娘家的李清照，写下了"人似黄花瘦"，写下了"闷损阑干愁不倚"，写下了"甚霎儿晴，霎儿雨，霎儿风"等传唱千古的名句。苏东坡在政治斗争中失利后，被贬谪外地，总有名作问世，他的再传弟子李清照，本来跟政坛毫不相干，也同样因为政坛之争，在生活范围极小的闺阁，写出流传百年的佳作。

李清照对男权的切肤之痛

随着赵明诚的男权意识一再显露，李清照在貌似美满的婚姻中的悲哀越来越深切，她先是因为赵明诚纳妾蓄婢而产生弃妇情绪，接着又因为赵明诚有青楼冶游而产生更加深切的痛楚之情。

弃妇情绪是中国女性文学的重要题材，常用典故是"长门"和"秋扇"。汉武帝曾"金屋藏娇"陈皇后，陈皇后失宠后，花重金请司马相如替她写《长门赋》，以重获汉武帝的宠爱；班婕妤是著名的才女兼美女，她最初受到汉成帝的宠爱，被封为婕妤，后来汉成帝宠爱赵飞燕，赵飞燕谗害班婕妤，班婕妤失宠，她在诗歌中用秋凉时被丢掉的扇子来比喻自己失宠。从李清照的词作来看，她的弃妇情绪恰好发生在她和丈夫久别重逢的时候。

崇宁五年（1106）春天，皇帝诏令毁《元祐党籍碑》，解除关于"元祐党人"的一切禁令，接着大赦天下。听到这道显示着皇恩浩荡的赦令，李清照欣喜若狂！这种欢乐的情绪体现在她的《小重山》一词中：

> 春到长门春草青，江梅些子破，未开匀。碧云笼碾玉成尘，留晓梦，惊破一瓯春。　花影压重门，疏帘铺淡月，好黄昏。二年三度负东君，归来也，著意过今春。

好像春风吹绿了幽闭的深宫，好像蛰居长门的陈皇后得到了重获恩宠的消息，李清照相信春梅将并蒂怒放，相信此后的夫妇生活又会像西窗品茗般高雅和谐。眼前的一切都妙不可言：花，不再是被雨打霜摧的黄花；月，不再是浓云遮蔽的愁月；黄昏，不再是惹人哀思，带来漫长难眠夜的黄昏，而是鸳梦的前奏。一切都是那样美好！因为，在跟丈夫分离两年后，他们终于可以重新聚首，辜负了两年的新婚岁月，又可以再享蜜月。

李清照终于回到日思夜想的丈夫身边，可这次她却真正地绝望了！

官场斗争造成夫妇分离，也赋予了赵明诚太多男权自由，他不仅大大方方地纳妾收婢，还开始了青楼冶游。抱着一腔热情回到丈夫身边的李清照，却受到丈夫很不正常的冷落，她大约无意中发现了丈夫除了在小妾和丫鬟之间如鱼得水，居然还嫖妓，一瞬间如雷轰顶！

李清照用"长门"和"秋扇"两个典故，暗喻因为丈夫生活中有了别的女人，她受到了冷落，而她在男女根本不可能平等的社会还苦苦幻想着男女对等的爱！赵明诚纳妾已令她极为不快，青楼冶游更让她痛摧心肝。对于一个生性敏感、视爱情如生命的女词人来说，丈夫纳妾收婢，那是出于"不孝有三，无后为大"的考虑，她不得不接受，她可以把"长门""秋扇"之怨和着血泪咽进肚子里。但是，丈夫从为求嗣而纳妾，发展到寻花问柳，对李清照来说就不仅仅是"长门""秋扇"之怨，而是比离别还伤感、比死亡还可怕的羞辱！

熟知历史上众多不幸才女的李清照，当厄运降临到自己头上时，花鸟虫鱼、日月风雨，每一种动植物，每一种自然现象，都能让她联想到爱情的不幸，而她每一次的表达也都穷形尽相、细腻生动。李清照好像是被上天派下来的法力无边的仙子，用几千年沉淀的文学醇醴把个人一次次的感情挫折,酿成一杯杯的美酒,供千秋万代、五湖四海的读者品尝。

李清照在感情生活遭遇不幸的时候,特别关注大自然最美、最有风骨的花儿,她最喜欢的是梅花和菊花,总是通过美丽的花朵想到自己,感觉她真是"将萎之华,惨于槁木"(龚自珍《乙丙之际箸议第九》)!

历代文人都喜欢描写菊花,"陶令""东篱"常被用来表达孤高或闲适的情思。元稹写"不是花中偏爱菊,此花开尽更无花"(《菊花》),苏轼写"荷尽已无擎雨盖,菊残犹有傲霜枝"(《赠刘景文》),都是借欣赏独立寒秋的菊花来表明傲立人生的秉性,这是对菊花的欣赏,而不是认同。而只能算"业余诗人"的黄巢倒是写出了比元稹、苏轼更有名的咏菊诗,认同菊花的顽强生命力与高洁品格,表达了大义凛然的人生态度。这首诗就是大家耳熟能详的《不第后赋菊》:"待到秋来九月八,我花开后百花杀。冲天香阵透长安,满城尽带黄金甲。"李清照则把菊花作女性化、文学化认同,借与大自然中的白菊合而为一,表达自己与古代既有文名又有风骨的屈原、陶潜合而为一。她在名作《多丽·咏白菊》中描写道:白菊经历了萧萧的无情风雨,被打得花垂叶落,它不像牡丹花那样艳丽,不做妖媚的打扮,它没有迷人的香气,更没有奇形怪状,只有屈原笔下的风骨,陶潜笔下的风韵,才和它相符合。秋越来越深,白菊蒙受的风霜越来越重,而像白菊一样的人儿呢,一滴滴的清泪洒在天凉后被丢弃的团扇上……

我们来仔细看看这首《多丽·咏白菊》：

> 小楼寒，夜长帘幕低垂。恨萧萧、无情风雨，夜来揉损琼肌。也不似、贵妃醉脸，也不似、孙寿愁眉。韩令偷香，徐娘傅粉，莫将比拟未新奇。细看取、屈平陶令，风韵正相宜。微风起，清芬酝藉，不减酴醾。　渐秋阑、雪清玉瘦，向人无限依依。似愁凝、汉皋解佩，似泪洒、纨扇题诗。朗月清风，浓烟暗雨，天教憔悴度芳姿。纵爱惜、不知从此，留得几多时。人情好，何须更忆，泽畔东篱。

李清照在词的最后忍不住直接感叹：如果夫妇感情如昔，何须借屈原行吟、陶潜采菊大做文章？

在中国文人眼中，菊花有风骨，梅花有韵致，最符合文人个性。历代诗人皆喜欢咏梅，宋人尤其如此，有人编过《梅苑》十卷，可见宋人咏梅之盛。宋人咏梅的佳作名句非常多。晏几道写过"折得疏梅香满袖"（《清平乐·波纹碧皱》），我曾用这句词作文章题目；苏轼写过"偶作小红桃杏色，闲雅，尚余孤瘦雪霜姿"（《定风波·红梅》）；陆游写过"驿外断桥边，寂寞开无主，已是黄昏独自愁，更著风和雨"（《卜算子·咏梅》）；而最有名的咏梅诗句当是林逋的"疏影横斜水清浅，暗香浮动月黄昏"（《山园小梅·其一》）。男性作家咏梅多着眼于梅的报春和"暗香"，带着赏玩性质。而李清照则把经霜冒雪的梅花认同为自己的生命形式,将欹曲稀疏的梅枝看作自己的不平身世,她的《满庭芳》描写了从种梅、爱梅到以梅自况的完整过程:住在幽深的闺阁之中,冷清寂寞,只能终日与梅相对,这以格调风韵胜过艳丽群花的梅花,这能在严冬盛开的梅花,毕竟也难以忍受太多风雨的无情摧残。花落之后,那笛声唤起了无尽的哀愁……

我们来仔细看看这首《满庭芳》:

小阁藏春,闲窗锁昼,画堂无限深幽。篆香烧尽,日影下帘钩。手种江梅渐好,又何必、临水登楼。无人到,寂寥浑似,何逊在扬州。　　从来,知韵胜,难堪雨藉,不耐风揉。更谁家横笛,吹动浓愁。莫恨香消雪减,须信道、扫迹情留。难言处、良宵淡月,疏影尚风流。

对今天的读者来说,李清照咏物词的深刻内涵和写作背景都已经不太容易,也可能不需要去做细致地考证了,阅读时即使不知其深层寓意,也并不妨碍对意境营造和语言锤炼的欣赏。人们在咏叹白菊"清芬蕴藉""雪清玉瘦""天教憔悴度芳姿",梅花"难堪雨藉,不耐风揉""扫迹情留""疏影尚风流"时,又怎么会想到,这些清词丽句,曾洒上词人李清照多少辛酸热泪,而这鬼斧神工的璀璨华章,正是词人李清照饱受感情重创的生命燃烧之果?正是因为李清照的咏物词是非常情况下的非常之作,它们才能作为杰出的咏物文本而卓然存在，历久弥新。

赵明诚的纳妾收婢、青楼冶游成为李清照的切肤之痛，她以天才的文学形式将其表现出来，成为世界文学史上一笔永久的财富。

李清照青州隐居十年

北宋政坛就像莎士比亚笔下的爱情，一会儿阳光灿烂，一会儿乌云密布。"覆巢之下，焉有完卵"的不幸又降临到了赵明诚身上。

赵挺之在政坛上先依靠章惇，后谄事蔡京、曾布，"出入门下，殆无虚日"，因为章惇和蔡京都是福建人，因此，赵挺之被人讽刺为"移乡福建子"。在击败共同的政敌后，其内部开始鸡争鹅斗，赵挺之跟蔡京毕竟不完全一样，有时会向皇帝汇报蔡京的胡作非为。但在玩手段上，赵挺之却远不是蔡京的对手，在跟蔡京斗法失败后，他要求辞官回青州。赵挺之本是诸城人，已移家青州。他辞官后，彗星出现，宋徽宗以为是上天暗示他不要重用蔡京，就召见赵挺之，对他附耳低语："蔡京的所作所为，果然像你反映的那么坏啊！"于是，立即罢免蔡京的相位，提升赵挺之为右仆射，再度拜相。赵挺之因天兆相助，成为宰辅重臣。但是，宋徽宗朝三暮四，他喜欢道士，道士们送他一个"教主道君皇帝"称号，他就乐颠颠地让道士们跟士子一样考试做官。温州道士林灵素对宋徽宗胡诌道：陛下是长生大帝君下凡，蔡京是左元仙伯下凡。于是，大观元年（1107）正月，无道的"道君"宋徽宗恢复了"仙官"蔡京的左仆射之职，昏君和奸相继续玩弄亡国把戏。三月，赵挺之被罢免右仆射之职，很快病死。蔡京诬陷赵挺之"交结富人""力庇元祐奸党"，皇帝于是追回赵挺之病逝时所赠"司徒"一职，之后蔡京又兴大狱欲置赵挺之后人于死地，赵家三位能力出众、很有名气的"三诚"，即赵存诚、赵思诚、赵明诚，全部被抓进监狱，最终因查无实事，放人了事。

但是，赵挺之的赠官已被追夺，赵明诚的荫封之官也因此丢失，于是携李清照回到青州。

作为古"九州"之一的青州，此时正绿柳满城，云门山、驼山、玲珑山"三山联翠，障城如画"；南阳河、北阳河，穿城而过，绿水泛波。北宋三位名臣富弼、范仲淹、欧阳修，曾先后任青州父母官，受到黎民拥戴，建亭、祠以作纪念。城西阳溪边，唐代的楸树枝繁叶茂，芭蕉长得如成年杨树一般高，绿草如毡，甘泉喷涌。当年范仲淹亲自指挥属下在泉上盖亭子以保护甘泉，青州人将其命名为"范公亭"来纪念他，亭东还有祭祀富弼、范仲淹、欧阳修的"三贤祠"。

赵明诚、李清照隐居之处到底在青州的什么地方呢？现在已经考证不出。我父亲1955年担任益都县主管文教卫生工作的副县长时，曾经主持修复"范公亭"，还陪着从朝鲜战场回国休息的杨得志司令员参观过。离"范公亭"百米处的顺河楼北有李清照故居，它是不是我父亲修的呢？我当时太小，没问过他。顺河楼下是阳溪流水，一株两搂粗的柳树从楼旁斜向水面……

李清照将青州的住处起名为"归来堂"，取意于陶渊明的《归去来兮辞》。李清照自号"易安居士"，表达自己东篱采菊式的生活态度："审容膝之易安"。

人们似乎约定俗成地认为，庄子是没做过官又不甘沉沦者的心灵家园，而陶潜是从官场返回田园者的心灵殿堂。李清照以"归来"为堂，以"易安"为号，显示了对官场决绝的态度，透露出淡泊明志、宁静致远的精神追求，她不以财富、地位、享受为念，厌恶相府玉堂金马、灯火楼台的生活，珍惜隐居乡间、夫唱妇随的岁月。她在《〈金石录〉后序》中记录下当时的心情：宁愿粗衣蔬食，"甘心老是乡矣"。

李清照是一个多么宽容、贤惠、大度的妻子！赵家得意时，赵明诚冷落她，她极度痛苦无奈，却只将苦水咽到肚子里，从不记恨；赵家失势时，她毫无怨言，跟随丈夫返乡，还私下庆幸自己因祸得福，认为她在青州跟夫君书斋相守的十年是一生中最美好的时光。

赵明诚卒后，经李清照修订、梓行的《金石录》，对夏、商、周三代及梁、唐、晋、汉、周五代的钟、鼎、甗、盘、尊等酒器、食器铭文，以及名人墓志碑刻等，均有深入研究。大学问家朱熹说《金石录》"煞做得好"。而《金石录》的主体部分就是赵明诚与李清照屏居青州时所写。

赵明诚和李清照回到青州后，继续搜集金石古籍珍品。每获得一本新书，两人就仔细分析，书前题签，书后校勘；每得到一幅书画、一座鼎彝，就小心翼翼地放到书桌上，一处处寻找有无毛病，白天整理、分析不完，就晚上继续，每晚至少得点完一支蜡烛才罢手。得到稀世珍品时，两人就会激动得整夜不睡。他们整理的书籍、抄写的书札十分精致，在收藏家中出类拔萃。他们的收藏越来越多，建起十几个书库，每个书库都摆着相同规格的大书橱，分门别类地存放鼎彝、字画、古籍……

生活安定、心情愉快的李清照发疯一样地读书。赵明诚有洁癖，李清照每次需要阅读家藏的书籍，都必须向他拿取钥匙，还得在簿子上登记是哪个书库、哪个书架、哪卷、哪册，一丝不苟到不通情理。李清照手不释卷，吃饭时手中有书，喝茶时手中有书，吃水果时手中有书，甚至如厕时也手中有书。书页偶然不小心溅上些许墨点、茶渍之类，就会惹恼赵明诚，立刻要求李清照擦得干干净净。每次读书都如此麻烦，李清照很不耐烦，她对赵明诚说：今后我的饭桌上不要大鱼大肉，身上不要锦绣华服，头上不要金珠玉翠的首饰，室内不要镀金刺绣的家具，用节省下来的钱买书。家里已有的书，市面上再看到，只要没有磨损掉字儿，我就买回来做副本。我看副本，你存珍本，各得其所。从此，他们家的藏书常备两套，如《周易》《左传》，他们家的两个版本，文字最为完备。

李清照博闻强记，每次吃过饭，坐在"归来堂"中准备喝茶时，就指着堆积在书桌上的经史典籍，对赵明诚说某一典故记载在某书某卷第几页第几行。赵明诚不相信妻子有如此记性，笑道："未必吧？"李清照娇嗔："你不相信？如果我说对了，我就喝头杯茶！"赵明诚漫应之。结果，检点书籍，李清照说得丝毫不差！李清照举起茶杯说："我可真的先喝第一杯茶了！"她得意得笑不可遏，杯中之茶却常常不小心倒在胸前衣襟上，反而喝不到一口。这段记载非常有意思。

按照青州民俗，喝茶的次序极为讲究，第一杯茶给谁，是判断一个家庭是否长幼有序的标志之一。有客人在时，第一杯茶要奉于客人；家中人喝茶，第一杯茶必须奉于地位最高者。"归来堂"中，按说应该一家之主赵明诚来喝第一杯茶，但李清照却调皮地提出，以对书籍的熟悉程度打赌，谁赢了谁喝第一杯茶。果然，她赢了。按照约定，她本来可以喝第一杯茶，但是，一个有文化、有教养的妻子怎么可能在丈夫面前喝第一杯茶呢？于是，李清照边哈哈大笑，边将茶"不小心"倒在胸前衣襟上……《〈金石录〉后序》中关于喝茶的这段记载，于细微之处见精神，活画出一个贤惠、聪慧、善解人意、娇嗔可人的妻子形象。

爱情的"荆棘鸟"

先跟大家介绍一下什么叫"爱情的'荆棘鸟'"。荆棘鸟是西方文学词语，"世界上有一只鸟儿，一生只歌唱一次，它的歌声胜过百灵和夜莺。它从离巢的那一刻起,就在寻找着荆棘树,然后把自己钉在最尖、最长的荆棘上,以生命为代价完成一次绝唱"。小说《荆棘鸟》的作者考琳·麦卡洛是澳大利亚著名作家,她用荆棘鸟比喻神父拉尔夫和少女梅吉的爱情。拉尔夫与梅吉的年龄差距很大,他第一次见到梅吉时,她还是个孩子。拉尔夫对梅吉的关心在不知不觉中升华为爱情。然而神父不能结婚,拉尔夫一方面忠于对上帝的信仰,另一方面又沉浸于对梅吉的爱而难以自拔。《荆棘鸟》后来被改编为影视剧,成为流行词,人们用"荆棘鸟"来比喻沉溺于爱情而不能自拔的人。我虽然研究中国古代文学,但也特别喜欢看欧美作品,常常借用它们的词语。我把李清照说成是爱情的"荆棘鸟",而赵明诚就是插在她心头,使她永远痛苦的那根最尖、最长的刺。

李清照在青州隐居将近十年时,她的婆母郭氏百折不挠地恳求皇帝为丈夫恢复名誉。最终,赵挺之的官职得到恢复,赵明诚也可以出去做官了。宣和三年至五年(1121—1123),赵明诚任莱州太守。李清照恳求赵明诚带她赴任,却被断然拒绝。千般柔情也改变不了无情的决定,李清照就像被司马相如抛弃的卓文君,孤零零地待在家里。

赵明诚独自赴莱州上任,对李清照来说,比十几年前被公婆遣回娘家更为不幸。那次是政局造成的,丈夫没有自主权,而这次却是丈夫个人感情的选择。赵明诚心里打的什么算盘,她虽然琢磨不透,但有一点却是肯定的,那就是:丈夫恢复了官职,小妾和青楼艳姬也对他恢复了吸引力！

于是，李清照的名作《凤凰台上忆吹箫》应运而生。

为了说明这首词所隐藏的内涵，需要先解释几个典故。

《阳关》是著名的送别曲，出自王维的"劝君更尽一杯酒，西出阳关无故人"（《送元二使安西》）。

凤凰台吹箫和秦楼出自刘向《列仙传》，秦穆公的女儿弄玉和丈夫萧史关系和谐，两人常在秦穆公给女儿建的凤凰台上吹箫，最后引来凤凰，夫妇二人双双成仙，骑着凤凰飞走了。后来，凤凰台吹箫和秦楼便成了表达夫妻志同道和、亲密无间的常用语。

"武陵"的典故出自陶渊明《桃花源记》，描写武陵人误入桃花源之事，而桃花又和《幽明录》中描写刘晨和阮肇入桃林与仙女结合的故事有关，所以在前人的诗句中，凡出现"武陵"二字，一般都指男子艳遇。

赵明诚复出做官，李清照的《凤凰台上忆吹箫》就出现了隐喻男子艳遇的"武陵"典故：

> 香冷金猊，被翻红浪，起来慵自梳头，任宝奁尘满，日上帘钩。生怕离怀别苦，多少事、欲说还休。新来瘦，非干病酒，不是悲秋。　休休，这回去也，千万遍《阳关》，也则难留，念武陵人远，烟锁秦楼。惟有楼前流水，应念我、终日凝眸。凝眸处，从今又添，一段新愁。

赵明诚走了，百无聊赖的李清照失去了一切生活乐趣，长夜漫漫孤衾寒，睁着眼等天明。她懒懒地坐在窗前，头也不想梳，镜子也不想照，任凭它布满灰尘。"女为悦己者容"，而眼前已经没了昔日的"悦己者"，他如今又沉湎在哪个温柔乡呢？"休休，这回去也，千万遍《阳关》，也则难留"，李清照承受的不仅是夫妻离别之苦，更是丈夫薄幸的弃妇之苦，这种地狱般的心灵折磨像钝刀割肉一样，无休无止！可是，在李清照看来是天大的、痛苦的事，在世人眼里却是寻常小事。一个遵守"妇德"的女人绝对不能在意，真是"多少事、欲说还休。新来瘦，非干病酒，不是悲秋"！李清照只能对着楼下的阳溪河水发呆，"凝眸处，从今又添，一段新愁"。

李清照博览群书，她的清词丽句使用典故，经常信手拈来。在这首著名的词里，她至少用了四个典故：借"忆吹箫"和"秦楼"形容她和赵明诚曾经有过的夫唱妇随，生活和谐；借"《阳关》"表示她曾一而再再而三地在送别丈夫时，恳求他带自己一起走；借"武陵人远"暗指赵明诚恢复了流连青楼的爱好。在中国古代，封建文人的"武陵"之游不足为奇，有时还会成为"佳话"，宋代词人柳永就有不少这样的艳闻，还因此传下话本《众名姬春风吊柳七》[①]。那些留在家里被冷落的妻子肯定也非常痛苦，但她们不管

[①]《众名姬春风吊柳七》：出自《喻世明言·卷十二》，明末冯梦龙编撰。
——编者注

在政坛还是文坛都没有话语权,很少有人能表达这种悲哀,只有天才"词女"李清照,可以把丈夫青楼冶游带给自己的锥心之痛,用生花妙笔描写出来。

由李清照的现存作品,可以断定她在"屏居青州",与赵明诚如胶似漆时所写词作并不多。那个时候,他们主要在整理、撰写《金石录》。赵明诚重踏仕途之日,李清照再尝弃妇哀愁,她的奇思妙语又像积蓄已久的泉水般猛烈喷涌。李清照身上有一个与西方小说家所描写的现象相类似的地方:她不是夜莺,擅长在花前月下优哉游哉地唱小夜曲;她是"荆棘鸟",只有在遭受荆棘刺入肌肤的痛苦时,才能亮开歌喉,用全部生命唱出优雅婉转、凄美动人的歌儿!

李清照以灵襟秀气参透离情别绪,写出了一首历代词人都无法企及的最著名的《声声慢》。这首词以前无古人、后无来者的十四个叠字开头,堪称古今中外文学史上描写女性感受的绝响。

> 寻寻觅觅,冷冷清清,凄凄惨惨戚戚,乍暖还寒时候,最难将息。三杯两盏淡酒,怎敌他、晚来风急?雁过也,正伤心,却是旧时相识。 满地黄花堆积,憔悴损,如今有谁堪摘。守着窗儿,独自怎生得黑?梧桐更兼细雨,到黄昏、点点滴滴,这次第,怎一个、愁字了得!

这首词写于什么时候?学术界素有争论,有不少学者认为,这首词表达了赵明诚去世后李清照无比哀怨的情绪，我却认为这首词写于赵明诚生前，写于他独自去莱州上任之时。最主要的依据还是来自对词作本身的解读，特别是首句四个叠字"寻寻觅觅"，这说明李清照还在寻找丈夫的爱，还在盼望丈夫的爱。如果赵明诚已经死了，还有什么可寻的，还有什么可觅的？

流芳千古的杰出作家，其成就往往跟坎坷的遭遇相生相随，正是因为在公认美满的婚姻中备尝辛酸，李清照才成了写"情"的"铁笔圣手"。

金石夫妻

李清照和赵明诚本来是一对才貌双全的佳配，可是他们的感情生活却受到两种外力影响，分别是：一政局中变法派和保守派的党争；二赵挺之对新婚不久的李清照的驱离。在这两种外力的影响下，赵明诚开始按照当时社会赋予他的男权行事，纳妾收婢、青楼冶游。这种封建社会的男子常态，对一般缙绅家的女子来说，只要嫡妻的位置稳固，那就算不上什么了不起的大事，可是这种司空见惯的社会现象却让才女李清照哀怨异常，而她的哀怨则促成了中国文学史上若干名篇、名句的产生，比如《醉花阴》《凤凰台上忆吹箫》，比如"人似黄花瘦""寻寻觅觅，冷冷清清，凄凄惨惨戚戚"。对于这些名篇、名句，我一般把它们解读成李清照对男权霸凌的"条件反射"，但在宋代及后来一些学者的眼里，赵明诚和李清照二人却是美满和谐的"金石夫妻"。明代郎瑛《七修类稿》中说李清照"与夫同志,故相亲相爱之极"。李清照与赵明诚可以说是"夫妇擅朋友之胜"(江之淮《古今女史》),不仅是夫妻,还是朋友。

那么,咱们就抛开李清照的哀怨不说,来看看赵明诚到底是一个什么样的人。

赵明诚从青年时代就迷恋金石,他读欧阳修的《集古录》获益匪浅,又觉得欧阳修对重要金石有遗漏,立志要给补齐,经过二十多年,终于搜集到"上自三代,下迄五季"的古文奇字及钟鼎碑志两千多卷,编成《金石录》三十卷,从此,"赵明诚"三个字就和《金石录》一起彪炳于中国学术史册。可以说,赵明诚在中国考古学的前身金石学上的地位,绝不比李清照在宋词上的地位差。

而赵明诚的金石之好,从新婚开始,就成为夫妻共同的志趣和爱好。赵明诚能在学术界占据重要地位,也与他的这个志同道合、相濡以沫的妻子有关,尤其是在他去世后,李清照对于整理赵明诚的《金石录》更是付出了很大的心血。

唐、宋两代有一个相同的特点,那就是出"文章太守",白居易是,苏东坡是,赵明诚也是。他从青州复出后,官职一直是太守、知府、知州。一个正四品官员,不贪赃枉法,还利用业余时间为中国学术史做贡献,不能不说难能可贵。

赵明诚即使偶尔拈花惹草,在他心中,李清照也永远占据着嫡妻兼挚友的位置，而金石事业则是他们之间割不断的红线。其实古代男子纳妾、结交青楼女子，在当时极其普遍，连宰辅大臣也是这样。姚宽《西溪丛语》就曾记载过这样的文人逸事。范仲淹镇守鄱阳时喜欢一个乐籍小妓，回京城后寄胭脂给她，并题诗："江南有美人，别后常相忆。何以慰相思，赠汝好颜色。"他还写诗托继任官员魏介照看她："庆朔堂前花自栽，便移官去未曾开。年年忆着成离恨，祇托春风管句来。"（《怀庆朔堂》）魏介得诗后，心领神会，便买下这个小乐妓送到范仲淹身边。这件事一时疯传，但我们却不知道范仲淹的夫人对此是什么态度。诰命夫人对大人先生的这类"闲情小事"，一般都会"聪明"地采取漠视或睁一只眼闭一只眼的"大度"态度。可是，身为知州夫人的李清照却偏偏与她们不同，她"小气"得很，对丈夫的"武陵"之游耿耿于怀，因为她骨子里仍是那个希望爱情专一、夫妻相守不相欺的纯粹的"文学女人"！

赵明诚的这点男权行为在中国古代文人中实在算不上什么，却偏偏遇到了中国古代第一才女，落到她的笔下，成就了那些千古绝唱。从某种角度来说，后世读者还真得"感谢"赵明诚未能免俗，才能欣赏到李清照许多难得的词作。

经过一段时间的无奈分离和凄苦思念，李清照毅然决然地踏上去往莱州之路，打算到夫君身边"安营扎寨"，陪伴夫君。她在写给姐妹的词中嘱咐道："好把音书凭过雁，东莱不似蓬莱远。"

赵明诚做莱州知州期间，金石学研究有长足进展。他发现并著录的《后魏郑羲碑》《后魏郑羲上碑》功德无量。如果不是赵明诚在任期间的发现，郑道昭的书法作品能否成为研究字体变化的珍贵资料，还很难说。而赵明诚所做的这些考察和著述，都有李清照的一份功劳。赵明诚每天办公毕，待下属散去，就在自己的"静治堂"校勘《金石录》，每整理好一卷便束上缥带，每十卷为一帙，这个时候，李清照往往陪伴在旁。

三年后，赵明诚调任淄州知州，李清照继续随任。齐国故都遍地珍宝，赵明诚曾经在淄州发现了五百余字的铭文，知道这是中国青铜器字数之最，便马上以拓片形式收入自己的书中。更让赵明诚高兴的是：淄州人不因他贵为知州而巴结他，而认为他像陶渊明一样是个"素心人"。有一位隐士，将家藏数世的一幅墨宝送给了他，居然是白居易手书的《楞严经》，真是稀世珍宝！赵明诚兴奋至极，上马疾归，与李清照共赏。他回到府衙时已敲过二更，夫妇二人"酒渴甚，烹小龙团，相对展玩，狂喜不支"（缪荃孙《云自在龛随笔》），蜡烛换了两次，他们还不想睡，干脆提笔题签……

人近中年，李清照夫妇的感情渐渐稳定，而整个大宋却风雨飘摇，江河日下。朝政腐败，"豪者如虎"，普天下的财力被昏君和奸相挥霍还不够，他们还公然卖官，当时民谣云："三千索，直秘阁；五百贯，擢通判。"黄河数度决口，一百多万人淹死，膏腴千里的中原沃野，灾民流离失所，"人相食"，方腊和宋江起义南呼北应，金兵辽将虎视眈眈……

大宋王朝曾经何等繁华，就像柳永所写的"烟柳画桥，风帘翠幕""市列珠玑，户盈罗绮，竞豪奢"一般。据罗大经《鹤林玉露》记载，完颜亮就是看到这首《望海潮·东南形胜》，艳羡江南美景，才挥师南下的。这当然是里巷之谈。一篇文学作品怎么会引来外敌呢？没有上层的纸醉金迷，何来下层的铤而走险？没有国力日衰，哪来外强入侵？国势危殆，宋徽宗不管怎么"望四海勤王之师，宣三边御敌之略"，不管怎么下《罪己诏》以收将士之心，直到他宣布退位，让宋钦宗登基，都不能挽狂澜于既倒。靖康元年（1126），金军兵临开封城下。当时任淄州知州的赵明诚，对着一箱箱的文物，向李清照叹息："要不了多久，这些东西都不会是我们的了！"

这句话不幸一语成谶。

生离死别

岳飞《满江红·怒发冲冠》："靖康耻，犹未雪，臣子恨，何时灭。""靖康耻"，即指宋钦宗靖康二年（1127），宋徽宗和宋钦宗被金兵掳走，蔑封为"昏德公"和"重昏侯"的奇耻大辱。这一年，北宋灭亡，宋高宗在南京应天府（今河南商丘）即皇帝位，史称"南宋"。

北宋灭亡的同一年，赵明诚之母郭氏在江宁（今江苏南京）病逝，赵明诚奔母丧南下。

李清照决定借奔丧之机将半生藏品运到江宁去。可是，藏品太多，她又带不了那么多，如何取舍呢？一时间，平时费尽心思搜集的一些文物都成了多余的。她先舍弃大印本、多卷本书籍，重复的几幅藏画，没有古人款识的金石器，再舍弃国子监刻印的书籍、比较平常的画作、笨重的金石器，狠着心肠，减来减去，结果仍然装了十五车！她亲自押运上船、过江，千难万苦，走了几个月才到达江宁。她本来打算第二年春天再将留在青州的金石、书籍运走，哪想到，十二月，青州发生兵变，乱兵杀人放火，十几间书库全部化为灰烬。

赵明诚南渡后，担任江宁知州。李清照虽然人到了南方，心却留在北方，遇到下雪时，最喜欢踏雪赋诗，而且总是拉着赵明诚唱和。赵明诚的诗词本就不如妻子，又耽于公事，深以为苦。李清照的词当然没有对手，她的诗也很难遇到对手，如非常著名的《乌江》[①]：

生当作人杰，死亦为鬼雄。
至今思项羽，不肯过江东。

诗意跟抗金名将岳飞的《满江红·怒发冲冠》不谋而合，忧国忧民，壮怀激烈。

[①]《乌江》：一作《夏日绝句》，出自《绣水诗钞》。——编者注

建炎三年（1129）五月，赵明诚在安徽接到湖州知州的任命，便把李清照安排在池阳（今安徽贵池），自己独自上任。李清照已登船，回视岸上，觉得赵明诚的神色不太对劲："坐岸上，葛衣岸巾，精神如虎，目光烂烂射人，望舟中告别。"敏感的李清照心中颇不是滋味，这莫非不祥之兆？她问赵明诚："池阳危急时，我该怎么办？"赵明诚回道："你跟着大伙儿一起逃难吧！实在万不得已，先丢掉笨重箱笼，再丢掉衣服被褥，再丢掉书册卷轴，再丢掉金石古董，只有那些宗庙祭器和礼乐之器，什么时候都不能丢弃，必须抱在怀里、背在背上，与你共存亡，千万不要忘了！"说完，他就打马离去。

大约一个半月后，有信告急：赵明诚为赴王命，冒着大暑，急如星火地赶路，途中病倒。李清照知道赵明诚性急，凡发热必用寒药，非常担心，便急忙催船赶过去。到达之后，赵明诚果然因用柴胡、黄芩等凉药，病邪入里，发冷发热发疟疾，奄奄一息。李清照得知丈夫已病入膏肓，回天无力，却不敢问后事怎么办。赵明诚要了纸笔，写下绝命诗。他并没有像曹孟德那样给侍妾做"分香卖履"的交代，只将挚爱的、未竟的金石大业，深情地托付给风雨同舟几十年的爱妻……

这个时候，是建炎三年八月，赵明诚四十九岁，李清照四十六岁。

赵明诚去世后，李清照伤心欲绝，大病不起。她写了许多悼亡诗词，现在多半都散佚了，《永乐大典》中存有一首《偶成》：

> 十五年前花月底，相从曾赋赏花诗。
> 今看花月浑相似，安得情怀似往时。

丈夫故去，他曾有过的感情迷失，如今都如云烟散去；妻子心中，也只有初婚时的甜蜜和隐居青州时的相知。十五年前赏花赋诗的情景深刻地留存在李清照的脑海中，她深知，今生今世，自己再也不会有赏花赋诗的情怀了。

赵明诚撒手人寰，李清照清冷、孤苦，形影相吊。

她睡的再也不是当年在百脉泉边，父慈母爱的包围下，深闺娇美佳人的雕漆描金床，再也不是新婚燕尔之时，在开封宰相府的拔步床，而是寒酸的、简陋的、勉强可供一人躺卧的藤躺椅，吊着用藤皮茧纸缝制的、画了几枝疏梅的帐子。

她清晨醒来就没情没绪，没着没落，没有一丝一毫舞文弄墨的心情。她关心什么？她什么都不关心。她牵挂什么？她什么都不需要牵挂。她再也不会像少女时代，早上一醒来就兴致勃勃地问丫鬟："海棠被雨淋坏了吗？"她再也不必像少妇时代，早上一睁眼就关心："大雁带没带来远方夫君的消息？"她再也不能像中年离乱后，清晨爬起来就琢磨："明诚走到什么地方了？"……美妙的青春、甜蜜的初婚早就成了镜中花、水中月，即便是与夫君在战乱中的颠沛流离、艰难奔波，如今也成了不能复制的良辰美景。李清照像是突然被整个世界抛弃了，没人等她，她也等不来任何人，只有断断续续的袅袅沉香伴着她似水的柔情。当年柳永写"饮散玉炉烟袅。洞房悄悄"(《两同心·二之一·大石调》),把玉炉轻烟跟温暖新婚联系在一起,现在,玉炉中的沉香却只让李清照感到透骨的寒。

突然,她听到了笛子吹奏的《梅花三弄》!这支根据汉代传下来的《梅花落》所改编而成的曲子,令李清照想起当年春天跟赵明诚观梅的赏心乐事,想起难忘的卿卿我我。如今,那烂漫的岁月在哪里?那春光般明媚的恩爱夫妻情又在哪里?

失去夫君,没了家庭,没了爱情,只有连绵不断的雨被风吹着,萧萧地、凄凉地飘落下来,李清照的眼泪也像断了线的珍珠一样扑簌簌地落在胸前。想当年,她跟赵明诚就像秦穆公的女儿弄玉与丈夫萧史一样,鸾凤和鸣。弄玉和萧史终日在凤楼上吹箫,终于引来凤凰,二人乘着凤凰随风飞走,到天上做了神仙,留下世代传唱的佳话。现在,"吹箫人"赵明诚独自飞走了,"凤楼"空空荡荡,只有满腔愁绪的易安居士独守空房,肝肠寸断,无依无靠。古代有折梅寄友的习俗,可是,现在纵然折来一枝美丽的梅花,只因与赵明诚已阴阳两隔、天上人间,也没有人可以相寄了。李清照的《孤雁儿》写的就是催人泪下的孀妇愁绪:

藤床纸帐朝眠起,说不尽、无佳思。沉香断续玉炉寒,伴我情怀如水。笛里三弄,梅心惊破,多少春情意。　　小风疏雨萧萧地,又催下、千行泪。吹箫人去玉楼空,肠断与谁同倚。一枝折得,人间天上,没个人堪寄。

李清照还在词前加了一段小序:"世人作梅词,下笔便俗。予试作一篇,乃知前言不妄耳。"从字面上看,李清照认为,常人写梅写不出新意,自己试作一篇,也觉得确实难出新意。但我却觉得李清照这首词绝对不俗。梅花在这首小词中巧妙出现了三次。第一次,隐性出现在"纸帐"上,据前人记载,"纸帐"是藤皮茧纸缝制的帐子,上面通常画梅花,李清照的帐子自然也要画上梅花;第二次,出现在《梅花三弄》乐曲中;第三次,出现在"一枝折得",这里所指当然是梅花了。更妙的是,李清照将咏梅跟悼亡天衣无缝地结合在了一起。前人的悼亡词,最著名的是李后主的《相见欢·无言独上西楼》:"剪不断,理还乱,是离愁。别是一般滋味在心头。"这是李后主悼念大周后①的作品。再就是苏东坡悼念亡妻的《江城子·乙卯正月二十日夜记梦》:"十年生死两茫茫,不思量,自难忘。千里孤坟,无处话凄凉。纵使相逢应不识,尘满面,鬓如霜。"李清照的《孤雁儿》从听闻《梅花三弄》想到当年共同观梅的爱人,最后落脚于"一枝折得,人间天上,没个人堪寄",愁思纷纷,余音袅袅,既写梅,又悼亡,一笔写两面,能不算超凡脱俗?

---

① 大周后:周娥皇(936—964),小字娥皇,南唐司徒周宗长女、李煜之妻,又称"大周后"。——编者注

误嫁张汝舟

刘姥姥到荣国府打秋风时,撂下一句名言:"瘦死的骆驼比马大。"

这个道理,现实生活中有一位男士,比《红楼梦》创造的乡村老妪还早六百多年知道,并且紧锣密鼓地实践起来。

南宋满朝皆知,李清照是当朝宰相的儿媳妇,是著名金石家、江宁知州赵明诚的遗孀,她手里有比金子贵得多的金石书画,即使战乱丢失,仍是"瘦死的骆驼"。想要占有这些稀世珍宝,那么,把夫死无子、孤苦无依的才女李清照娶进家门是最好的办法。

于是,李清照身边出现一个鬼鬼祟祟的张汝舟。

于是,争论了几百年的"李清照再嫁"之事浮出水面。

自从赵明诚去世,李清照屡遭磨难,她视如生命的珍贵文物,几次遭遇被盗丢失,导致她多次发病。赵明诚故去三年,绍兴二年(1132),残春刚过,李清照高烧不退,一再呼喊赵明诚的字——德父。这时,只有她的小弟弟李远陪在她的身边,看到姐姐高烧昏迷,他赶紧让人给姐姐准备后事。突然,有个媒人来了,自称替"张汝舟大人"求聘李清照为妻,求婚的官文书上写着:久慕易安居士之雅望,愿为禳灾祛疾,以合百年之好。李远在南宋朝廷担任敕令所删定官,知道这个"张汝舟"曾因政绩先后受到北宋徽宗皇帝和南宋高宗皇帝的欣赏,对他的名字如雷贯耳。李远希望姐姐能够晚年有靠,而张汝舟是很理想的人选,他的身份、地位和名望都跟赵明诚不相上下。可是，李远做梦也想不到，当时有两个张汝舟，一个是名闻遐迩的正直官吏明州知府张汝舟，一个是池州小吏承奉郎张汝舟。李远以为来求婚的是他在太学读书时就非常敬佩的直言敢谏的朝廷言官张汝舟，便极力向姐姐推荐，认为姐姐后半生能跟这样的人生活在一起，也算天上掉下来的福分。

池州小吏张汝舟这时粉墨登场，对李远曲意逢迎，甜言蜜语，对李清照侍候榻前，无微不至。

后来，李清照经过临安名医诊治，渐渐好转，便信守诺言，与张汝舟成亲。

李清照后来说自己是在病得"牛蚁不分"的情况下嫁给张汝舟的，我觉得她是不好意思说自己对张汝舟心生好感，受表面现象迷惑，一时糊涂，才同意了婚事。按照常理，弟弟是不可能在姐姐神志不清的情况下，硬叫姐姐出嫁的。

不过，假的就是假的，伪装很快就被剥去。李清照跟张汝舟接触后，敏锐地发现他很有问题。李清照做了那么多年的知府夫人，当然知道知府大人是如何为人处世、待人接物的，而这个张汝舟举止轻佻，谈吐不雅，高官雅士的派头一概没有，市侩小人的痕迹却处处可寻。更为致命的是，这个时候有朋友提醒李远，跟你姐姐成亲的张汝舟不是明州知府张汝舟，而是池州府的一个低级小吏。论级别，明州知府是正四品，池州府承奉郎只是从八品，可谓天壤之别。最重要的是，这个张汝舟还是通过非法手段，从朝廷骗取做官资格的。

可惜，当李清照知道这些令她如雷轰顶的事情时，生米已经煮成熟饭。

"图穷而匕首见"，张汝舟逼迫李清照交出价值连城的金石书画，不给，就拳脚相加，甚至想杀害她以谋夺文物。面对张汝舟如此野蛮行径，李清照该怎么办呢？

后来，李清照以"妄增举数入官"罪，向廷尉①告发张汝舟。

"举数"是科举名词。按照隋唐以来的科举规定，学子在考取举人后，必须通过贡士考试，再经过皇帝殿试，取得进士，才可以做官。而宋代科举有个"特奏名"的规定，举人考到一定次数，即便没有考中贡士，也可以取得授官资格。张汝舟就是在向李清照骗婚的前一年虚报考试次数而取得官职的。李清照告发他，经过查证，皇帝判张汝舟流放，二人离婚。

李清照虽然告倒了后夫张汝舟，但是她自己也锒铛入狱了。为什么？因为宋朝法律规定，妻告夫，得坐两年监狱。后经翰林学士綦崇礼等亲友的大力营救，李清照在被关押九天后出狱回家。

李清照告发后夫的事情，是有明确历史记载的。宋代李心传《建炎以来系年要录》简单地记载了李清照讼后夫的整个过程："（绍兴二年九月戊午朔）右承奉郎监诸军审计司张汝舟属吏，以汝舟妻李氏讼其妄增举数入官也。其后有司当汝舟私罪徒，诏除

---

① 廷尉：是中国古代司法审判机构的官职名。——编者注

名,柳州编管。(十月己酉行遣)李氏,格非女,能为歌词,自号易安居士。"对于张汝舟的名字、官职、罪名及结果,都记载得清清楚楚。

李清照在告发张汝舟的同时,也给翰林学士綦崇礼写信说明了她被骗婚的过程。

綦崇礼是赵明诚的姑表兄弟,而更重要的是,他是宋高宗身边举足轻重的人物。

李清照《投内翰綦公崇礼启》描述自己嫁给张汝舟是仓促之中办的错事,她病中乏智,所谓"牛蚁不分"。张汝舟热诚地向李清照示爱,而她弟弟是老实人,希望姐姐晚年有靠,误信了媒人的花言巧语,她自己则病得要死,分辨不出求婚者并非可托付终身的可靠之人。就在姐弟两人犹豫不决之时,迫不及待的张汝舟便抢亲般地将她迎回家了。

这段原文是:"既尔苍皇,因成造次。信彼如簧之说,惑兹似锦之言。弟既可欺,持官文书来辄信;身几欲死,非玉镜架亦安知?僶俛难言,优柔莫决,呻吟未定,强以同归。"

我读到这里时,总觉得很奇怪,这段话虽然雍容凝重、叠用典故,具有李清照的惯有风格,但却写得闪烁其词、含糊不清。仔细琢磨字里行间,我有两点惊讶的发现:第一,李清照并不为再嫁本身而抱愧,只承认嫁错了人("非玉镜架"即此意),这说明她不认为寡妇再嫁是大逆不道;第二,李清照解释再嫁缘由时,没有完全说真话。何以见得?以李清照的身份、才智,处理再嫁大事时，怎么可能如此轻率和被动？李清照是什么身份呢？南渡时，赵家有多人位居高官：赵存诚任秘书少监，赵思诚任兵马都监事，赵明诚几任知州，赵明诚妹婿任兵部侍郎。李清照的弟弟也有官职，绝非一般平民。区区张汝舟，除非是吃了熊心豹子胆的山大王，否则怎么能、怎么敢把有如此家庭背景，且有"词女"之名的寡妇"强以同归"？我们只能这样理解：李清照《投内翰綦公崇礼启》是在借不得不进行的表述做尽可能的隐藏。也就是说，李清照必须把她遭遇不幸婚姻的事，告诉可以在危难时帮她摆脱牢狱之灾的翰林学士綦崇礼，至于她为何再嫁张汝舟导致此场灾难，这完全是她个人的隐私、感情的隐私，她不想向亡夫的表弟和盘托出，于是就在信中来了个"犹抱琵琶半遮面"。

綦崇礼是聪明人，一点就通，他立即运作，把李清照从监狱救了出来。

此后，李清照再嫁成了几百年来争论不休的公案。

李清照再嫁之谜

李清照再嫁一事较为说得过去的解释有二。

第一，寡妇再嫁在当时是常事。名臣范仲淹就是幼年丧父，母亲将其带到朱家养大，考上进士，做官后才认祖归宗。大理学家朱熹撰写《荣国夫人管氏墓志铭》时，也明白地写了其次女先嫁谁，再嫁谁。周密《癸辛杂识》还记载魏了翁之女夫死再嫁，"人争欲娶之"的逸事。李清照守寡,有没有"人争欲娶之",我们不得而知,但她再嫁,想必不会有多大阻力。

第二,夫死无子的李清照很孤独,渴望温情。李清照多愁善感,极富浪漫禀性,虽年近五十,却因从未生育,而并不自认是"奶奶"辈人。就在此时,风流倜傥、口才出众的张汝舟,先用官文书郑重其事地求婚,再来到李清照身边,当面陈述钦慕之情,即所谓"如簧之说"和"似锦之言",迷惑李清照之弟,李清照终于鱼目当珠再嫁。李清照《投内翰綦公崇礼启》这样叙述她误嫁一个贩马贩驴般的市侩人物:"忍以桑榆之晚节,配兹驵侩之下才!"

这桩离婚案恰好显露了李清照的个性光辉,她不仅在文学创作上独立物表,敢在常人不敢下笔的地方痛下笔墨,而且是封建时代凤毛麟角的奇女子,她果断坚强,拿得起放得下,虽因误会再嫁,但一旦认清骗子的真实面目,就绝不姑息迁就、拖泥带水,立即分道扬镳,坚决离婚。

李清照不仅敢做敢为,而且聪明机智,善于斗争。当时,妻子向官府请求离婚是绝对不可能的事情。如果妻子状告丈夫欺骗皇帝,那就成了任何贪官都不敢上下其手的案子。所以,李清照必须查出实据,然后报告皇帝。事实正是如此,张汝舟被妻子告发"妄增举数入官"后,确实经过皇帝亲自过问,然后被下令流放柳州,二人离婚。

当年李清照因为政治斗争,与赵明诚天各一方,没想到几十年后，这种政治斗争手段却成了她摆脱婚姻枷锁的有力武器，真是"成也萧何，败也萧何"！

关于李清照再嫁之事，南宋时有不少确切记载，到了明代，文人开始"辩诬"，认为李清照没有再嫁，也不应该再嫁，至今学术界仍争论不休。这是一个从"文学女人"引发，耐人寻味的非文学现象。

据历史记载推断，李清照讼后夫案轰动一时，成为街谈巷议的热门话题，在她生前就有好几位文人用讥笑的语气谈论她讼后夫的事情。

比如，绍兴十八年（1148），李清照六十五岁时，胡仔的《苕溪渔隐丛话》说"易安再适张汝舟，未几反目，有《启事》与綦处厚云：'忍以桑榆之晚节，配兹驵侩之下才。'传者无不笑之"。胡仔提到李清照再嫁时，用的是不容置疑的口气；提到李清照讼后夫时，用的则是挖苦和嘲弄的口气。文中还引用了李清照致綦崇礼信中的话，而这封信正是李清照再嫁的有力确证。

绍兴十九年（1149），李清照六十六岁时，王灼的《碧鸡漫志》说"易安居士……再嫁某氏，讼而离之，晚节流荡无归"。王灼还认为，李清照的词作也违反闺秀文学规则，"肆意落笔"，无所顾忌，甚至将"闾巷荒淫之语"写到作品之中。

绍兴二十一年（1151），李清照六十八岁时，晁公武的《郡斋读书志》说"格非之女……然无检操，后适张汝舟，不终晚节，流落江湖间"。

这都是李清照在世时的记载。按照当时风气，年龄偏大的官宦女子再嫁，人们会嘲笑她"晚节"不保。但是如果她不曾再嫁，恐怕没人敢在本人还活着时就造"再嫁"之类关于婚姻大事的谣言。这几个人嘲笑的是，李清照不仅再嫁，而且选了个不合适的对象，然后又大张旗鼓地打离婚官司，闹出不小的丑闻。这样的嘲笑和讽刺，正说明李清照再嫁是事实。

右仆射洪适也说："赵君无嗣，李又更嫁。"(《〈金石录〉跋》)洪适先是提到《金石录》是赵明诚去世后，经李清照整理呈进皇帝的，然后顺便说起李清照再嫁之事，以他的身份和写文章的目的，更不可能是造谣。

几百年后，明代文人却出来为李清照"辩诬"，认为再嫁即失节，而李清照不应该失节。这是"辩诬"的主要立论。这些文人没有发现任何新史料，只对原有"再嫁"史料起劲地做"不可靠"文章，有的甚至以感情代替史实，直言不讳"余素恶易安改嫁张汝舟之说"(俞正燮《癸巳类稿·易安居士事辑》)，讨厌这种说法，故不承认。

李清照曾否再嫁的争论至今还在继续。

我在这里做个假设：如果李清照是男人，妻死再婚，那么，还会不会有这些争论？我相信一切"再婚"争论都会烟消云散，没准儿"再婚"还会成为一段佳话。

元稹难道不是悼亡诗名家？但这并不妨碍他之后再娶。苏轼也在妻子去世之后再娶，并且续弦活着时，他还既可以带爱妾朝云到岭南，也可以写诗悼念前妻……大作家再婚的多的是，为什么只有李清照不能再婚？

只因为李清照是女人，而社会对男人和女人向来有两把截然不同的尺子。

男子死了妻子，谓之"断弦"，理当再娶，即"断弦再续"；女人死了丈夫，谓之"塌天"，理当心随丈夫死去，只做"未亡人"，苟活于世上，再嫁则是"失节不忠"。男子有明文规定的"七出"休妻权利，还能随意行事，既可以把妻子当成随便丢弃的衣服，也可以纳妾收婢，不必顾忌结发妻子的感受；女子则必须嫁鸡随鸡，嫁狗随狗，从一而终。才子再娶、狎妓是风流韵事，才女再嫁就是"淫奔不才"……

按照这样的封建传统观念，李清照堂堂名门闺秀，宰相儿媳，郡守妻子，"老命妇也"，居然再嫁，成何体统？李清照是杰出的、九百多年来影响着中国人思维的"文学女人"，难道不该给她立个贞节牌坊供女人仿效？维护杰出"文学女人"的所谓"贞节"，无异于维护中国名教，维护封建传统的"脸面"。即使宋代人对李清照再嫁已有明确记载，明代的卫道者们也认为有必要采取鸵鸟政策，来一番强词夺理的"辩诬"。

宋时的李清照，为寻求爱情和幸福勇敢迈出"再嫁"一步，之后又更加勇敢地迈上"讼后夫"的公堂，这是多么富有个性和反抗性的惊世骇俗之举！可是，几百年后的明代文人却借"辩诬"，将她拉到了"再嫁即失节"的封建正统轨道上来。

永远的李清照

北宋变南宋，皇帝年号从"崇宁"换"政和"，从"宣和"换"靖康"，从"建炎"换"绍兴"，大小都市的歌台舞榭却以不变应万变地唱着李清照的词："知否知否，应是绿肥红瘦""莫道不销魂，帘卷西风，人似黄花瘦""梧桐更兼细雨，到黄昏、点点滴滴"……

这都是李清照做少女、少妇时的名作，是她以全副心灵感悟至情至爱，用点点滴滴的心血凝成的词句。如今，夫君赵明诚已驾鹤西去，李清照本人经过一场不幸的再嫁，已是"萧萧两鬓生华"（《清平乐·年年雪里》）。但是，她几十年前写的词句却雅俗共赏、历久弥新！而李清照南渡后所写的"春归秣陵树，人老建康城"（《临江仙·庭院深深深几许》），"一枝折得，人间天上，没个人堪寄"，更是风靡一时。跟过去一样，著名才女李清照每有新作，立即满街满巷不胫而走。李清照诉张汝舟案一结束，石头城里，西子湖畔，便到处响起了李清照的新作《武陵春》：

> 风住尘香花已尽，日晚倦梳头。物是人非事事休，欲语泪先流。　闻说双溪春尚好，也拟泛轻舟。只恐双溪舴艋舟，载不动、许多愁。

国破家亡，孀妇飘零，距离辞别人世，还有二十个漫长春秋，阅尽沧桑的李清照,"风鬟霜鬓"的易安居士,此时应该形如槁木,心如死灰吗?不!

绍兴三年(1133),李清照从张汝舟的羁绊下解脱时,朝廷派同签书枢密院事韩肖胄与工部尚书胡松年出使金朝。虽为巾帼,却极富丈夫之气的李清照一边整理《金石录》,一边深情注视着挚爱的家乡,挚爱的北国。她在《上枢密韩公、工部尚书胡公诗》里表示,为了收复失地,她希望能像将士一样牺牲自己,把一腔热血洒在齐鲁大地上:"欲将血泪寄山河,去洒东山一抔土。"

谁也敌不过时间的镰刀,真正的艺术却可以,青史浓墨重彩地写下了"李清照"三个字。二十世纪七十年代末,国际天文界破天荒地以一位中国女性的名字命名水星上的一座环形山脉,她就是李清照。

二十世纪九十年代,我在报纸上开设"趣话李清照"专栏,谈论李清照也成为我和文友之间的话题。有一次笔会,著名诗人晓雪开玩笑说:"马瑞芳的成就已经超越了在她故乡住过多年的李清照!"这是将地比作天的恶作剧。

我笑道:"一点儿不错,我确实在两个方面大大超越了李清照。"

一听我的话,作家们大乐:太狂妄了吧?在中国这片黄土地上,哪个作家敢大言不惭地说自己超越了李清照?当时跟我们一起参加笔会的老作家马烽,是中国作家协会的党组书记,他说:"我很感兴趣,倒要听听马教授是怎么'超越'李清照的!"

我说:"我确实在两个方面大大超越了李清照:第一,我对蒲松龄有些研究；第二，我对马克思主义文艺理论略有了解。"

朋友们听了大乐。生活在十二世纪的李清照当然不可能知道十七世纪的作家蒲松龄，更不可能知道诞生于十九世纪的马克思主义，除非她进入了时间隧道。

作家通常都敌不过时间的镰刀，李清照却可以。我常想，某些自我膨胀、自封"大师"的人，你们的作品能不能传世，一千年后再说吧。

那次参加完文学界朋友"满嘴跑火车"的活动回到济南，恰好有位语言不通的朋友需要我接待。意大利著名汉学家安娜·布娅蒂打算把《漱玉词》介绍给意大利读者，她要游览过去被人们认为与李清照密切相关的趵突泉、大明湖，还要看看后来经过学者多年研究，被大多数人认定为李清照出生地的章丘。

安娜·布娅蒂来到泉城后，几位山东省作家协会副主席接待了她。我一边通过翻译跟安娜絮絮交谈，一边暗暗琢磨：眼前这位褐发碧眼的女士居然要将《漱玉词》译成意大利文？用汉语之外的语言怎么表达"寻寻觅觅，冷冷清清，凄凄惨惨戚戚"这类词句的韵味？我虽然很高兴中国诗坛"女皇"李清照的作品在英国、法国、俄罗斯、日本、罗马尼亚等译本外又要多一种外文译本，可我又怀疑：这位意大利电视台的单身女编导怎么能理解十二世纪李清照隐秘的内心世界？

安娜·布娅蒂回国不到半年，就万里迢迢地寄给我厚厚的两本书，是她翻译的意大利文版《聊斋志异》，这可真是明珠暗投——

我一句意大利文也不会。我倒是看懂了那套书的封面，上面印了个眉头微蹙的古装仕女。

这个古装仕女就是李清照，原图是清代画家姜壎绘制的《李清照小像》。

李清照是中国诗坛辉煌的存在。宋代千余传世词人中，女词人不过五六十人，有完整词集且压倒须眉的，只有李清照。

李清照是中国文坛特异的存在，她的传世词作虽然只有五十多首，却名满天下，与李白、杜甫、苏轼等并驾齐驱。她独创的"易安体"如出水芙蓉，擅长白描，善用口语、炼字、炼句、炼意巧夺天工，成为自南宋陆游、辛弃疾到清代"诗坛盟主"王士禛[①]等竞相模仿的对象。

李清照是中国女性文学的卓异存在。中国古代有不少杰出的女诗人，但这些以"才女"著称者，跟李清照一比，个个相形见绌。

李清照鹤立鸡群，中国任何一本古代文学史都要设专章或专节评介她。世界著名百科全书介绍中国古代文学时，也必须评介李清照。比如，英国《不列颠百科全书》说李清照是"一位伟大的女词人，在中国词坛的第一流代表人物中，她应该名列前茅"。

[①] 王士禛（1634—1711）：字子真，一字贻上，号阮亭、渔洋山人。雍正时改称士正，乾隆时又改称士禛，世称"王渔洋"，清初诗人、文学家、诗词理论家。——编者注

在男权霸凌的社会中，李清照可以说是非常杰出的、最有代表性的存在。

我为什么会用这么多篇幅来讲李清照，而且重点解读李清照的两次婚姻呢？因为李清照既是中国古代首屈一指的女作家，在文学史上有不可撼动的地位，同时也是中国文学走向世界的杰出的甚至独一无二的女作家。李清照的人生也最能说明关于"男权霸语"的话题。李清照的两次婚姻能够很有说服力地表明，在封建社会，即便是出身高贵、才能突出的女性，也难免遭受男权霸凌。在李清照的第一段婚姻中，她遭遇了双重男权霸凌：一重是封建家长因为政局需要干涉她的婚姻，在她新婚不久，就把她驱离北宋首都，离开丈夫；另一重是丈夫使用男权，纳妾收婢、青楼冶游。李清照没有能力改变这种封建社会司空见惯、"正当合理"的现象，愤懑无奈之下，只能拿起手中的笔，写下"人似黄花瘦""寻寻觅觅，冷冷清清，凄凄惨惨戚戚"等清词丽句，将天才女词人在封建家长压迫、在丈夫享受男权之下的心灵痛苦表达出来，如《醉花阴》等词，原本只是为了感化丈夫，结果却成为几百年来中国诗词史中最有魅力的词句之一，受到众多读者欣赏。李清照勇敢再嫁，然后又更加勇敢地讼后夫，显示了封建时代女性面临婚姻不幸时少有的抗争精神，以及与男权搏斗的智慧。

与许多宋词研究专家不同的是，我主要是从女性角度，联系李清照的身世，揭示她的若干咏物词，特别是咏梅词和咏菊词的新内涵。我认为，这些词表面看来是非常优美的、成功的咏物词，其真正内涵或者说深刻内涵，却是女性对男权霸凌血泪般的控诉和抗争。

除了李清照，我还会选取另外几位女作家来讲。我的选择标准是，她们既是有成就的女作家，她们的生活和思维又与男权霸凌有比较密切的联系。比如，卓文君、蔡文姬、薛涛、鱼玄机、朱淑真等。其实，从《诗经·鄘风·载驰》的作者许穆夫人到清代弹词《再生缘》的作者陈端生，中国古代还有许多值得注意的女作家，可能再来一百讲也讲不完。

第二章

古代才女遗珠

卓文君和《白头吟》

西汉时的卓文君是美女兼才女,她既能大胆追求爱情,也能在爱人产生二心时与其决绝,不想却挽回了男人朝三暮四、见异思迁的心。关于卓文君的史实虽然记载不多,却给后世文学留下了丰厚的遗产。

卓文君是真实历史人物,她和另一个真实历史人物司马相如的爱情故事,流传了两千年。

卓文君做过好几件惊世骇俗的事,第一件就是夜奔相如。卓文君是著名美女,父亲卓王孙是临邛(今四川邛崃)首富,家里仅奴仆就有八百人。十七岁的卓文君出嫁不久死了丈夫,只好回到父母身边。有一天,卓王孙大开宴席,主客是临邛令王吉与著名才子司马相如。酒酣之际,临邛令王吉盛情邀请司马相如演奏琴曲。司马相如早就听闻卓文君的艳名,当看到屏风后面美丽的卓文君时,他便用梁孝王赠予的绿绮琴演奏了《凤求凰》等曲子:

凤兮凤兮归故乡,遨游四海求其凰。
时未遇兮无所将,何悟今夕升斯堂。
有艳淑女在闺房,室迩人遐毒我肠。
何缘交颈为鸳鸯,胡颉颃兮共翱翔!
……

司马相如不仅当众弹奏名曲向卓文君求爱,还暗暗托心腹向卓文君转达他想和其结百年之好的心意。卓文君对才貌双全的司马相如一见钟情,毅然夜奔。两人连夜离开临邛,回到司马相如的故乡成都。

卓文君做的第二件惊世骇俗的事,是当垆卖酒。卓王孙对女儿私奔非常恼火,既因为这不符合礼教,让他丢人,也因为司马相如虽然有才,曾经当过官,但被罢官后很穷,家徒四壁,跟卓家门不当户不对。在他眼里,司马相如虽然是著名才子,但再大的"才"也不能当饭吃。卓文君与司马相如私奔后,卓王孙一文钱嫁妆也不给她。他大概是想逼迫过惯富贵生活的卓文君因不耐贫穷,而离开司马相如。阔小姐跟穷小子怎么过日子呢?司马相如先是把一件昂贵的大衣卖掉,维持了一段时间的生活,然后,夫妻俩便两手空空了。怎么办?卓文君出了个坏招,父亲不是不给嫁妆吗?那就出出父亲的洋相。他们在繁华街市上当垆卖酒。司马相如系着围裙,穿着简陋的服装,洗碗扫地;卓文君站在临街的柜台边,笑迎顾客,大大方方地卖酒。著名才子和著名美女当垆卖酒，一时间轰动了整个临邛。卓王孙先是羞恼得不敢出门，然后在朋友的建议下，不得已分给卓文君大量财宝和仆人。司马相如成功脱贫，与卓文君又返回了成都。

卓文君做的第三件惊世骇俗的事，是用一首诗挽回了在爱情中产生二心的司马相如。

司马相如回到成都后，得到汉武帝的信任，被封为郎①。他既有了卓文君丰厚的财产，又有了皇帝的宠爱，尽管已经得了"消渴之病"（糖尿病），其好色之心还是再次发作，想娶茂陵少女为妾。当时，有钱有身份的男人妻妾成群是司空见惯的，但是卓文君绝不接受二美共一夫，她立即写了一首《白头吟》，与司马相如绝交。"皑如山上雪，皎若云间月。闻君有两意，故来相决绝。"她表示，爱情应该像白雪一样洁净，像明月一样皎洁，你既然对我有二心，那么，咱们干脆分道扬镳吧。"愿得一心人，白头不相离。"她表示，她追求一心一意的相爱，白头偕老，永不分离，绝对不会和别人分享自己的丈夫。卓文君眼里揉不下沙子，没有一丝一毫媚骨，没有大部分女性诗人的温柔敦厚、怨而不怒，她怒火万丈，毫不留情，绝不留恋。你不是看上别人了吗？那我们的感情就走到头了。我是要与对我一心一意的人白头偕老的，你既然三心二意，那就给我滚远点儿！卓文君还给司马相如写了封信，重申道："朱弦断，明镜缺，朝露晞，芳时歇，白头吟，伤离别，

---

① 郎：古代官名，本为君主侍从之官。——编者注

努力加餐勿念妾，锦水汤汤，与君长诀！"（《诀别书》）真是太有骨气了！

司马相如收到卓文君的《白头吟》后，良心发现，不再纳妾。

汉武帝元狩元年（前122），司马相如病死，卓文君给他写了诔文，简明扼要地叙述了司马相如的文学成就，特别是他的《子虚赋》。卓文君回忆两人通过琴曲相识、相爱，为了追随司马相如，她不惜放下富家小姐的架子，在街市卖酒——"怜才仰德兮琴心两娱。永托为妃兮不耻当垆"；表达司马相如去世后，她极其悲痛，宁愿"死同穴"之情——"长夜思君兮形影孤""泉穴可从兮愿殒其躯"。卓文君对司马相如的爱情可谓忠贞专一，生死不渝。

卓文君是真实的历史人物，她和司马相如的爱情故事，最早记载于刘歆的《西京杂记》：

> 司马相如初与卓文君还成都，居贫愁懑，以所著鹔鹴裘就市人阳昌贳酒，与文君为欢。既而文君抱颈而泣曰："我平生富足，今乃以衣裘贳酒！"遂相与谋于成都卖酒。相如亲著犊鼻裈涤器，以耻王孙。王孙果以为病，乃厚给文君，文君遂为富人。文君姣好，眉色如望远山，脸际常若芙蓉，肌肤柔滑如脂。十七而寡，为人放诞风流，故悦长卿之才而越礼焉。长卿素有消渴疾，及还成都，悦文君之色，遂以发痼疾。乃作《美人赋》，欲以自刺，而终不能改，卒以此疾至死。文君为诔，传于世。

《西京杂记》记载的这个小故事影响巨大,成为后世小说、戏剧的取材来源。

卓文君和司马相如的爱情故事给后世文学带来很大影响,简单来说,主要有五个方面。

第一,作家们经常用"文君夜奔"来形容女性对爱情的自我选择。

第二,"相如之贫"成为形容文人贫穷的常用语,《聊斋志异》中几次介绍男主角"有相如之贫"。

第三,卓文君的相貌常被后世文人借鉴来描写自己笔下的女主角,白居易《长恨歌》写唐明皇思念杨贵妃"芙蓉如面柳如眉",就是化用卓文君"脸际常若芙蓉";曹雪芹描写林黛玉的眉毛,也是借用卓文君"眉色如望远山",并进一步升华为像挂在树梢的轻烟。

第四,"琴挑"成为小说和戏剧中描写男女爱情的重要桥段,《西厢记》中有这样的情节,《玉簪记》中有这样的情节,《聊斋志异·宦娘》中也有这样的情节。

第五,"白头吟"成为描写忠贞爱情的常用词。

所以,西汉时期的卓文君对后世文学的影响是很大的。

蔡文姬和《胡笳十八拍》

关于蔡琰的历史记载,主要见于《后汉书》卷八十四《列女传》第七十四:"陈留董祀妻者,同郡蔡邕之女也,名琰,字文姬。博学而有才辩,又妙于音律。适河东卫仲道。夫亡无子,归宁于家。兴平中,天下丧乱,文姬为胡骑所获,没于南匈奴左贤王,在胡中十二年,生二子。曹操素与邕善,痛其无嗣,乃遣使者以金璧赎之,而重嫁于祀。"

蔡文姬,是陈留人。陈留是现在河南开封的一个镇。她名琰,字昭姬,因晋朝避司马昭讳,于是把"昭姬"改为"文姬"。她的父亲蔡邕是东汉著名文学家、书法家、音乐家,拥有历史上享誉很高的焦尾琴。蔡琰自小聪明过人,读书过目不忘,还懂音律。有一天晚上,蔡邕弹琴时突然断了一根弦,在另外一个房间的蔡琰说:"断的是第二根弦。"蔡邕认为女儿是蒙的,再弹琴时,故意弄断一根弦,然后问蔡琰断的是第几根弦。蔡琰说:"第四根弦。"果然不错。这时的蔡琰只有六岁。

蔡琰十五岁时,父亲蔡邕被司徒王允杀害。[1]蔡琰一生嫁过三次,第一次嫁的是河南望族公子卫仲道,可惜卫仲道不幸早死,二人也没有子女,她只能回到娘家。西汉兴平二年(195),天下

---

[1] 按此说,蔡文姬生于公元177年。关于蔡文姬的生卒年,郭沫若在剧本《蔡文姬》中曾说,建安十三年(208),蔡文姬被曹操遣使赎回,初归汉时约三十一岁,即认为她生于公元177年。中国科学院文学研究所编写的《中国文学史》(人民文学出版社1962年初版),也把蔡文姬的生年确定为公元177年。不过,也有学者根据蔡文姬的婚嫁及被掳时间推算,认为她生于约公元174年更为合理。——编者注

大乱，胡骑攻入开封，蔡琰被左贤王掠走，成为左贤王的妾，在南匈奴待了十二年，生了两个儿子。这时在汉朝掌权的是曹操，曹操跟蔡邕是好朋友，他知道蔡邕没有后嗣，唯一的女儿又流落南匈奴，便派人拿着"金璧"，到南匈奴赎回蔡琰。蔡琰忍痛告别幼子，回到中原。曹操让她整理蔡邕的遗作，又指定董祀娶她。后来，董祀因为犯罪被问斩时，蔡琰蓬头垢面，穿着破衣烂衫向曹操求情，曹操有些得意地向在座者介绍：她就是大名鼎鼎的蔡邕的女儿。然后，赦免了董祀。蔡琰回到中原后，凭借记忆记录、整理下来的到底是她父亲的作品，还是她父亲所收藏的前人作品呢？这一点，至今仍有争论。

学术界认为，蔡琰的重要贡献之一是书法艺术。她流传于后世的书法作品叫《我生帖》，只有两句"我生之初尚无为，我生之后汉祚衰"，这是她的名作《胡笳十八拍》第一拍的开头两句。书法研究者提出过这样的观点：蔡琰的书法得之于父亲蔡邕，她又传授给钟繇，钟繇传授给卫夫人，卫夫人传授给王羲之，王羲之最后成了"书圣"。因此，蔡琰对中国书法的贡献很大。

蔡琰的另外一个重要贡献是文学，她在文学史上占有一席之地是因为其创作的长篇叙事诗《悲愤诗》和《胡笳十八拍》。六十年前，我读大学时曾认真学习过，深受感动，并且能全文背诵《胡笳十八拍》。

《胡笳十八拍》是长篇叙事诗，共十八拍。第一拍是整首《胡笳十八拍》的"主题陈述"：蔡琰处于汉室衰微的时代，干戈日起,人民逃亡,她被掳到匈奴,遭受难以忍受的人格侮辱,不得不按照胡人的风俗生存,实际上内心痛苦到极点。这个世界上,有什么人能理解、同情她的不幸,并且帮她解脱呢?

我们来看看《胡笳十八拍》的第一拍:

> 我生之初尚无为,我生之后汉祚衰。
> 天不仁兮降乱离,地不仁兮使我逢此时。
> 干戈日寻兮道路危,民卒流亡兮共哀悲。
> 烟尘蔽野兮胡虏盛,志意乖兮节义亏。
> 对殊俗兮非我宜,遭恶辱兮当告谁?
> 笳一会兮琴一拍,心愤怨兮无人知。

在这拍之后的每一拍,都在叙述她是如何在暗无天日的情况下日日夜夜思念故国的。

第二拍前两句"戎羯逼我兮为室家,将我行兮向天涯",说明她在被掳后,很不情愿地被迫嫁给左贤王,跟随他到了塞北。

第三拍前两句是:"越汉国兮入胡城,亡家失身兮不如无生。"

第四拍前两句是:"无日无夜兮不思我乡土,禀气含生兮莫过我最苦。"

第五拍前两句是:"雁南征兮欲寄边声,雁北归兮为得汉音。"

第六拍前两句是:"冰霜凛凛兮身苦寒,饥对肉酪兮不能餐。"

第七拍前两句是:"日暮风悲兮边声四起,不知愁心兮说向谁是！"

第八拍最有名，简直可以跟屈原《天问》相媲美：

为天有眼兮何不见我独漂流？
为神有灵兮何事处我天南海北头？
我不负天兮天何配我殊匹？
我不负神兮神何殛我越荒州？

曹操派人持"金璧"赎回蔡琰，蔡琰终于可以回到日思夜想的故乡，可是却面临另一种锥心之痛：她不能把两个儿子带回中原，母子连心，痛不欲生。第十六拍就是一个母亲的泣血之词：

十六拍兮思茫茫，我与儿兮各一方。
日东月西兮徒相望，不得相随兮空断肠。
对萱草兮忧不忘，弹鸣琴兮情何伤！
今别子兮归故乡，旧怨平兮新怨长。
泣血仰头兮诉苍苍，胡为生兮独罹此殃！

"文姬归汉"成为历代文人画家非常热衷的题材。现存宋画院真迹有一幅《文姬归汉图》，图中蔡文姬和左贤王相对而泣，大儿子拉住她的衣服，小儿子在保姆怀里想扑向她，前来接她走的汉使则捂着脸不忍心去看这生离死别的一幕。可见，宋代画家已经改变了蔡琰和左贤王的关系。

后世特别有影响的文学作品则是郭沫若的剧本《蔡文姬》,我仔细读过几次,发现这个剧本的主旨确实是"替曹操翻案"(郭沫若语)。郭沫若连当年高明创作《琵琶记》时无中生有地给蔡邕编造的妻子赵五娘都全盘接受,不管是蔡琰还是曹操,都是他心目中的理想人物,基本不能当作真实的历史人物,所以想要了解蔡文姬,还是得看《后汉书》对她生平的记载,以及仔细阅读、研究她自己的文学作品。蔡文姬是一个在时代不幸中身世非常不幸的女子,但她以自己的文学天才,以自己的坚忍勤奋,把那个时代的不幸,特别是受那个时代影响的女性的不幸,生动精彩地记载了下来。《悲愤诗》与《胡笳十八拍》不仅是中国文学史上的宝贵财富,也是我们了解古代女性命运的最佳记录。

谢道韫和"咏絮才"

经常有研究者把谢道韫与李清照、蔡文姬相提并论,认为她也是中国古代才女的杰出代表。一个作家的地位当然是由其作品决定的,我们先来欣赏一下谢道韫的《登山》[①]:

峨峨东岳高,秀极冲青天。

[①]《登山》:一作《泰山吟》。——编者注

> 岩中间虚宇，寂寞幽以玄。
> 非工复非匠，云构发自然。
> 器象尔何物？遂令我屡迁。
> 逝将宅斯宇，可以尽天年。

这首诗据说写于谢道韫晚年，颂扬了泰山的雄伟壮丽，表达了想和五岳之首并存的意愿。这首诗虽然胸襟博大，语言精美，但是古人却从来不把它和杜甫"造化钟神秀"之类吟咏泰山的名作相并列。

除了这首《登山》，《艺文类聚》还收录了谢道韫的《拟嵇中散咏松诗》和短文《论语赞》，其余作品则基本湮没无闻。所以，谢道韫本人的文学作品很少，而且进不了古代诗文名作行列。谢道韫实际的文学创作成就，不仅不能和李清照、蔡文姬相比，甚至不能和她同时代的左棻相比。左棻是著名诗人左思的妹妹，她的《离思赋》相当出色。研究晋朝女诗人，往往以左棻为代表，没人把谢道韫当作代表。

那么，为什么谢道韫会有那么大的名气呢？主要是因为她创造了中国古代形容女子才能的专用词——咏絮才。

谢道韫出自东晋最有势力、最有名，也最有文化的家族。刘禹锡的著名诗句"旧时王谢堂前燕，飞入寻常百姓家"，"王谢"即指王家与谢家，都是东晋的名门望族。谢道韫出生在谢家，嫁到王家。这两个家族有许多逸闻趣事，被刘义庆写进了记录魏晋文人雅事的《世说新语》。其中，关于谢道韫的言行至少有四次记载，而她的名气也主要来自《世说新语》。

谢道韫的祖父谢裒曾任吏部尚书，他的长子谢奕曾任安西将军，就是谢道韫的父亲。谢道韫的三叔谢安是东晋著名政治家、军事家，曾经指挥跟前秦苻坚的淝水之战。当时苻坚率领九十万大军（实际只有二十万左右），扬言他的军队可以投鞭断流，轻而易举打败并灭掉东晋。而谢安手里虽然只有八万军队，却在敌众我寡的情况下，把苻坚打得风声鹤唳、草木皆兵，成为中国历史上以少胜多的经典战例。谢安和他的侄子谢玄也因此名留青史。因为父亲谢奕早卒，谢道韫自幼跟随三叔谢安生活在东山。谢安经常带着子侄游山玩水，谈诗论文，他们的很多活动都被《晋书·列女传》《世说新语》等记录了下来。

比如，《晋书·列女传》和《世说新语》都记录了谢安跟子侄讨论《诗经》的故事，可以相互参照阅读。

谢安问孩子们："《诗经》里哪句最好？"

谢玄回答："昔我往矣，杨柳依依。今我来思，雨雪霏霏。"

谢道韫回答："吉甫作诵，穆如清风。仲山甫永怀，以慰其心。"

谢玄是谢道韫的亲弟弟，幼年时就创造了谢家人要成为"芝兰玉树"的著名典故，后来更是成为战功赫赫的著名大将。在叔父谢安问到《诗经》里哪句最好时，谢玄比较欣赏"昔我往矣，杨柳依依。今我来思，雨雪霏霏"这样借景抒情的句子，而谢道韫则比较欣赏周宣王重臣尹吉甫送别好友仲山甫时，对他像清风化育万物一样的美德的赞颂:"吉甫作诵,穆如清风。仲山甫永怀,以慰其心。"

作为大政治家,谢安更欣赏侄女的选择,其实姐弟二人的选择有如春兰秋菊,各有佳妙。

《晋书·列女传》中关于谢道韫的另一件趣闻,是她有东晋名士一样的辩才。魏晋文人之间流行清谈,据说王献之与朋友们唇枪舌剑,有时应付不过来,他的嫂子谢道韫就递纸条帮他解围,后来干脆坐在帘子后面,把那帮高谈阔论的家伙辩得哑口无言。有的研究者甚至把关于"白马非马"的辩论也归到谢道韫头上。

《世说新语》中关于谢道韫的一件趣闻,是官居太傅的谢安跟子侄讨论如何形容雪花,谢道韫的答复令他惊喜异常。谢安在兄弟中排行第三,与他讨论诗文的,有他大哥谢奕的女儿谢道韫,二哥谢据的儿子谢朗——乳名胡儿,年纪轻轻就有文名,后来官至东阳太守。《世说新语》原文:

> 谢太傅寒雪日内集,与儿女讲论文义。俄而雪骤,公欣然曰:"白雪纷纷何所似?"兄子胡儿曰:"撒盐空中差可拟。"兄女曰:"未若柳絮因风起。"公大笑乐。即公大兄无奕女,左将军王凝之妻也。

这段话的大意是:谢太傅在冬雪纷飞的日子,把子侄聚集在一起谈论诗文。不一会儿,雪越下越大,谢太傅兴致勃勃地问:"白雪纷纷扬扬的像什么?"他二哥的儿子谢朗说:"在空中撒盐差不多可以相比。"他大哥的女儿说:"不如比作柳絮凭风而起。"谢太傅听了开心大笑起来。这里把雪比作柳絮的是谢太傅大哥谢奕的女儿、左将军王凝之的妻子谢道韫,"未若柳絮因风起"一句把雪的轻盈、飘逸描绘得出神入化,谢道韫从此享有"咏絮才"的美名。

《世说新语》中关于谢道韫的另一件趣闻,是她对自己丈夫的评价:

> 王凝之谢夫人既往王氏,大薄凝之。既还谢家,意大不说。太傅慰释之曰:"王郎,逸少之子,人身亦不恶,汝何以恨乃尔?"答曰:"一门叔父,则有阿大、中郎;群从兄弟,则有封、胡、遏、末。不意天壤之中,乃有王郎!"

这段话的大意是:王凝之的妻子谢道韫到王家后,非常看不起丈夫。回到谢家后,非常不高兴。太傅谢安安慰、开导她说:"王郎是王羲之的儿子,人品和才学也不错,你为什么这么不满意?"谢道韫回答说:"咱们谢家,叔父中有阿大、中郎这样的人物;众多的堂兄弟中,则有封、胡、遏、末这样的人物。没想到天地之间,竟有王郎这种人!"她所说的"阿大、中郎"分别指她的两位著名的叔父谢尚和谢据;"封、胡、遏、末"则是指她的几位杰出的兄弟,"封"指谢韶,"胡"指谢朗,"遏",《晋书·列女传》作"羯",指谢玄,"末"指谢川。谢道韫觉得,我们谢家世世代代都出杰出人物,俊雅不凡,怎么偏偏给我选这么个王郎呢?言下之意,她认为自己的丈夫才情不足,为人窝囊,算是平庸者。其实王凝之做过江州刺史、左将军、会稽内史等,同时,作为"书圣"王羲之的儿子,他善草书、隶书,与一般人相比,完全说得过去,只不过比起谢家男子,比起王家其他兄弟,如王献之,确实算不上优秀。

谢道韫"不意天壤之中,乃有王郎"的断言,后来成为血的事实:王凝之任守城官时,根本不设防,并且相信五斗米邪教可退贼兵,最后导致谢道韫被俘,他和四个儿子则全部被杀。

拥有"咏絮才"美名的谢道韫对后世文学产生了广泛影响,《红楼梦》第五回就用"咏絮才"给林黛玉定位,第七十回大观园诗会也有一段关于史湘云开端、宝钗夺魁的柳絮词的描写。

"女校书"薛涛

唐代女诗人薛涛被称为"女校书"。我们先得知道"校书"是什么。校书,即校书郎,是唐代中央机构基层文官之一,官阶九品,品阶虽低,任职要求却高,被授予校书郎官职的一般都是及第进士中的佼佼者或者从贡生里面选拔出来的"非常之才",也就是说,校书郎必须有科举功名,而且很有学问。

那么,薛涛担任过校书郎职务吗?没有。因为她素有文才,且曾在名臣韦皋身边协助处理公文,所以,当时的人便送给她这个雅号。唐代著名诗人王建有首诗道:"万里桥边女校书,枇杷花里闭门居。扫眉才子知多少，管领春风总不如。"(《寄蜀中薛涛校书》)可见，从中唐开始，薛涛就有了"女校书"的名声。

薛涛协助的官员韦皋是唐代中期的封疆大吏，曾任剑南西川节度使，总镇川蜀，后来以功勋卓著封南康郡王，世称"韦南康"，去世后获赠太师，谥号"忠武"。这位了不起的政坛人物十分痴情，他与玉箫的生死之恋被收录在范摅的《云溪友议》中。薛涛不是这个爱情故事的女主角。

薛涛是西安人，随父亲薛郧流寓成都，八九岁时，她父亲以梧桐树为题，与她联诗。薛郧首先吟诵两句："庭除一古桐，耸干入云中。"薛涛应声续道："枝迎南北鸟，叶送往来风。"(《井梧吟》)薛郧大为惊奇。薛家有个神童诗人的消息马上传扬开来。

薛涛不仅有文才、聪明，还长得如花似玉，十几岁时就成为名闻遐迩的美女诗人。不幸的是，她的父亲英年早逝。她一边奉养母亲，一边写诗，公开和社会上的人交往。薛涛的艳名和诗名传到韦皋耳朵里后，他便派人把十六七岁的她请到官衙，让她侍宴、赋诗。薛涛在韦皋身边到底是做幕宾（相当于行政秘书），还是入了乐籍，众说纷纭。女子做官员的幕宾史无前例，所以，薛涛成为封疆大吏的幕宾绝不可能。那么，她有没有得到"校书郎"这个正式的职务？也没有。据说，韦皋曾经向唐德宗奏请破例招薛涛为秘书省校书郎，但是没有得到批准。薛涛在韦皋身边应该既不是幕宾，也不是校书郎，而是得到韦皋宠爱的歌伎，还能帮助他处理往来文书。因为她得到封疆大吏韦皋的另眼看待，所以能够在宴席上跟若干官员、文人平起平坐，展示她写诗的才能。她不仅思维敏捷、诗才出众，而且口才出众，很有辩才。她的诗名和艳名在当时就广为流传，许多官员和文人都慕名而来，想要结识她。据何光远《鉴诫录》记载，"涛每承连帅宠念，或相唱和，出入车舆，诗达四方，名驰上国"。"连帅"是古代对地方高级长官的泛称。

韦皋和薛涛年龄相差二十三岁，韦皋本来很容易把她纳为小妾，但他没有这样做。我认为这极大可能是因为薛涛触怒了这位性格刚烈的封疆大吏，他才下令把她发配到地处偏远的四川松潘，让她做营伎，不过应该不是那种人尽可夫的接客妓女，而是卖艺不卖身的歌伎。

有研究者认为薛涛被发配是因为在宴席上顶撞了韦皋，并绘声绘色地编出她如何恃才傲物，如何跟韦皋针锋相对，从而惹恼韦皋。我则认为薛涛之所以惹恼韦皋，是因为她生性风流，跟其他人传出了艳闻。我的根据是薛涛被贬到松潘后写给韦皋的《罚赴边上韦相公二首》[①]。这两首诗的寓意很明确，都是哀求韦皋大人大量，原谅自己。这两首诗既是妙龄女子对五十老翁表示依恋、怀念，下决心对他永远忠贞，也是身份低微的营伎哀求封疆大吏赦免自己。

第一首诗表示：大人，您是天上的一轮明月，我是渺小的萤火虫，我希望您的光辉永远笼罩着我，但我没有力气飞到您的身

---

① 《罚赴边上韦相公二首》：一作《罚赴边上武相公二首》。——编者注

边,我望穿秋水,写给您的信也传不过去呀!

> 萤在荒芜月在天,萤飞岂到月轮边。
> 重光万里应相照,目断云霄信不传。

这首诗写得多么聪明,又多么可怜!

第二首诗表示:我确实犯了对不起您的错误,您惩罚我是应该的,我已经尝遍凄风苦雨,您如果开恩让我回去,我以后对其他男人绝对目不斜视,我会忠诚于您!

> 按辔岭头寒复寒,微风细雨彻心肝。
> 但得放儿归舍去,山水屏风永不看。

什么叫"山水屏风"?"山水屏风"是借指其他年轻的、俊秀的男人。薛涛表示,只要大人开恩让我回去,我以后对其他年轻俊秀的男人连正眼都不看一眼。

薛涛不仅直接给韦皋一首又一首地写诗,表示忏悔,表示忠贞,她还异想天开地写了十首诗,取名《十离诗》。她在《十离诗》中表示:我离开了您,就像大自然中的那些生物离开了它们赖以生存的环境一样再也不能活!这"十离"都是什么呢?犬离主,笔离手,马离厩,鹦鹉离笼,燕离巢,珠离掌,鱼离池,鹰离鞲,竹离亭,镜离台。薛涛把身段放得很低,对韦皋表示:我就像您养的一只小狗、一只鹦鹉、一条鱼……我全靠您养着，离开了您，我根本就不能活。她不仅在《十离诗》里把自己贬得很低，而且再次借《十离诗》向韦皋低头认罪。我们来看看《燕离巢》：

> 出入朱门未忍抛，主人常爱语交交。
> 衔泥秽污珊瑚枕，不得梁间更垒巢。

这首诗的意思很明确，就是说我这只不知好歹的燕子行为不当，触犯了您的威严，现在我后悔了，还是希望能像燕子筑巢一样，回到您的身边。韦皋收到《十离诗》后，心一下子就软了，于是立马召回了薛涛。

关于《十离诗》，还有两种说法。一种说法是，《十离诗》是写给韦皋的继任武元衡的，武元衡看完后便把她召回了成都。不过，从《十离诗》的内容来看，我比较相信是写给韦皋的。另一种说法是，《十离诗》的作者不是薛涛，而是另外一个得罪了权贵的薛姓男作者。

后来，薛涛时常出入幕府，跟许多唐代著名诗人都有交往，如元稹、白居易、刘禹锡等。在她四十一岁的时候，她跟比她小十岁的元稹产生了恋情，两人如胶似漆一段时间后无奈分离。

薛涛住在浣花溪，她制作了一种深红色的小彩笺，专门用来写诗，世称"薛涛笺"。她用这种小彩笺给元稹寄去了百余首诗，元稹曾经回复过这样一首诗：

> 锦江滑腻峨眉秀,幻出文君与薛涛。
> 言语巧偷鹦鹉舌,文章分得凤凰毛。
> 纷纷辞客多停笔,个个公卿欲梦刀。
> 别后相思隔烟水,菖蒲花发五云高。

元稹的这首《寄赠薛涛》,不仅夸薛涛诗写得好,言语出众,使所有写诗的文人都因此而搁笔,有权势的人物觉得能见到薛涛就像有高升的梦兆一般,而且表达了自己的思念之情。薛涛喜爱菖蒲,元稹认为她就是出尘脱俗、高入云霄的菖蒲。

薛涛对元稹相思情深,痴心一片,买舟想去跟元稹长相守,结果她的船刚刚靠岸,就听说元稹身边有一位得宠的才女兼美女刘采春,比她年轻近二十岁,而且能歌善舞。薛涛听到这个消息后,没有登岸,就驾船而去,从此穿上道袍,以"女道士"自居,活到六十多岁。去世后,她的墓志铭是由西川节度使段文昌撰写的,"西川女校书薛涛洪度之墓",算是盖棺论定,承认她是校书,而"洪度"则是薛涛的字。

现在,成都望江楼公园里还有一副关于薛涛的对联:

> 古井冷斜阳,问几树枇杷,何处是校书门巷。
> 大江横曲槛,占一楼烟月,要平分工部草堂。

薛涛跟杜甫分庭抗礼恐怕太夸张,但如果薛涛是男的,年少成名，有才情、有学问、有辩才，可以参加科举考试，说不定也能弄个五品或六品的官做做。可是，她却只能成为一个类似交际花的角色，在诗歌里留下她跟这个男人、那个男人的感情纠葛。而且有些诗歌，比如写给韦皋的，还体现出了那么屈辱的精神世界，只能令人感叹红颜薄命，感叹在男权霸凌的世界中女性活得多么不容易。

风流道姑鱼玄机

据唐代皇甫枚《三水小牍》记载，鱼玄机"色既倾国，思乃入神，喜读书属文，尤致意于一吟一咏"。鱼玄机是唐代著名女诗人，也是历史上著名的风流道姑，她最出格的是关于男女关系的认识。在那个时代，男子薄幸是司空见惯的，被抛弃的女子或者哀怨，或者愤懑，或者无可奈何，默默忍受，顶多写点哀怨诗文。可是，鱼玄机却主张：男人不爱你，不必伤感，你可以另找男人。天下好男人有的是，何必留恋三心二意的男人？她的《赠邻女》把这种主张表达得淋漓尽致。

为了弄懂这首诗的含义，先要了解历史上两个美男的典故：宋玉，是战国时的美男子，和潘安[①]并列，成为后世称呼美男的常用词；王昌，是魏晋时以薄幸著名的美男子，成为后世薄幸男子的代名词。鱼玄机在《赠邻女》中写道：

[①] 潘安：即潘岳（247—300），字安仁，西晋著名文学家、政治家。——编者注

羞日遮罗袖，愁春懒起妆。
易求无价宝，难得有心郎。
枕上潜垂泪，花间暗断肠。
自能窥宋玉，何必恨王昌？

什么意思？女人啊女人，如果你遭遇不幸，被薄幸男子抛弃，然后连梳洗都懒得做，只会偷偷地在枕上流泪，在花前月下伤心，这样岂不是太傻？虽然说无价宝易求，有心郎难得，但是遇到负心人，你怕什么？世上好男人有的是，他不要你了，你也不要留恋他，赶快去找比他更漂亮、更可爱的男人吧。

"易求无价宝，难得有心郎"，表达了很多女性的想法，成为鱼玄机最有代表性的诗句，而"自能窥宋玉，何必恨王昌"，则成为她作为女权主义者的代表性诗句。在短短的人生中，鱼玄机亲自实践这种主张，大胆地、开放地和一个又一个男人交往。你们男人不是和一个又一个女人交往吗？女人照样可以！

鱼玄机，本名鱼幼薇，五岁开始读书，七岁开始写诗，是著名女诗童。她是长安（今陕西西安）人，十一岁时，五十四岁的著名诗人温庭筠听到她的名声[1]，专程去看她，并给她出题，让她

---

[1] 关于温庭筠的生卒年，史籍无载，学术界尚无定论。陈尚君《温庭筠早年事迹考辨》认为他生于唐德宗贞元十七年（801），则鱼玄机（约844—868）十一岁时，温庭筠约五十四岁。——编者注

当场赋诗。她写了一首《赋得江边柳》①：

> 翠色连荒岸，烟姿入远楼。
> 影铺秋水面，花落钓人头。
> 根老藏鱼窟，枝低系客舟。
> 萧萧风雨夜，惊梦复添愁。

简练生动的语句描绘出一幅"江边柳"的画面：翠绿的柳树在江岸上，远处的楼阁被淡淡的烟雾笼罩，柳树美妙的影子倒映在清澄的江面，柳絮落在江边钓鱼人的头上，柳树的老根藏着鱼儿，柳条温柔地拂动运送客人的船只，夜里的萧萧风雨惊醒了我的梦，让我平添许多忧愁。

这首诗为什么写得好？因为十一岁女孩的遣词用字太精美了！她用"翠色"形容柳树，用"花"代指柳絮，把江边柳树的树干、柳影、柳条、柳根写得面面俱到，而且很有韵味。更难得的是，这个小女孩还知道情景交融，写出诗人淡淡的哀愁。这首诗是少女鱼幼薇的成名作，也是代表作之一。

而给鱼幼薇出题试才的温庭筠可不是寻常人物。唐朝科举考试规定诗歌有四韵、六韵、八韵，其中八韵最难。温庭筠参加科

---

①《赋得江边柳》：一说此诗作于唐懿宗咸通四年（863），鱼玄机被弃之后。——编者注

举考试，两手交叉一次，便成一韵，八次叉手则成八韵，后世遂不叫他"温庭筠"或"温飞卿"，而叫他"温八叉"，《红楼梦》第四十九回和第七十八回就是这样称呼他的。温庭筠发现这位十一岁少女，好像还不用叉手，就能写出一首五言律诗，真是太有才了，便收她做徒弟，精心指导她写诗。虽然鱼幼薇后来多次在诗里表示对老师的爱慕之情，但温庭筠始终把她当作弟子看待和培养。在温庭筠的指导下，少女鱼幼薇的诗越写越好。长到十五岁，鱼幼薇的诗名越来越响，人也如花似玉。温庭筠把她介绍给自己的朋友李亿，李亿随后纳鱼幼薇为妾，金屋藏娇，过了一年多郎才女貌、诗酒唱和的舒心日子。李亿的妻子裴氏在家乡听到丈夫纳妾的消息，赶到长安，先是百般折磨鱼幼薇，然后命令李亿把鱼幼薇休掉。裴氏的娘家有权有势，她的父亲和哥哥都是高官，李亿想在官场有所作为，不能不依靠妻子娘家的势力，于是他只好把鱼幼薇休掉，然后送她到长安郊区的道观做了女道士。

鱼幼薇给李亿写过至少五首诗，表示如何思念他，如何希望回到他身边，其中有一首《江陵愁望寄子安》："忆君心似西江水，日夜东流无歇时。"可是，李亿却不再理会鱼幼薇。

鱼幼薇被李亿抛弃，进道观后改名鱼玄机，开始执行《赠邻女》中的主张："易求无价宝，难得有心郎。……自能窥宋玉，何必恨王昌？"她在男人中广泛撒网，期待寻找一个有情有义的美貌才郎。据说她在道观门前挂了个牌子："鱼玄机诗文候教"，凡是会写诗的男子都可以来跟她交流写诗心得。

鱼玄机的众多情人中有两个值得注意，一个是李近仁，另一个是刘潼。

鱼玄机有一首《迎李近仁员外》：

> 今日喜时闻喜鹊，昨宵灯下拜灯花。
> 焚香出户迎潘岳，不羡牵牛织女家。

和美男子幽会给鱼玄机带来无比快乐，她毫不羞涩，将这种喜悦淋漓尽致地写了出来。

鱼玄机的另一个情人刘潼，官至检校尚书右仆射。刘潼喜欢鱼玄机，曾带着她游览长安许多名胜古迹。鱼玄机写过一首《寄刘尚书》，歌颂刘潼既有封疆大吏的政绩，又有文人雅士的情怀。"八座镇雄军，歌谣满路新"，封疆大吏因为政绩得到很多人的赞颂；"笔砚行随手，诗书坐绕身"，他同时又是有文化、懂诗书的文人；"小材多顾盼，得作食鱼人"，有才能的人，甚至像她这样的小人物，都得到了刘尚书的关照。

但是，鱼玄机与哪一个情人，员外也好，尚书也好，都没有修成正果。她最著名的《卖残牡丹》一诗，实际就是她对自己命运的自况：

> 临风兴叹落花频，芳意潜消又一春。
> 应为价高人不问，却缘香甚蝶难亲。

红英只称生宫里,翠叶那堪染路尘?

及至移根上林苑,王孙方恨买无因。

鱼玄机以艳冠群芳的牡丹自比,认为自己本来是名贵的花,芳香四溢的花,如果能进入宫廷,说不定就会跟杨贵妃一样,"名花倾国两相欢,常得君王带笑看"(李白《清平调词三首·其三》),到那时,王孙公子都高攀不上。可惜,现在这株牡丹已经残败,在狂风中四散飘落,无人问津。

与薛涛一样,鱼玄机如果是男子,肯定可以金榜题名,薛涛没有表示过这样的憾意,鱼玄机却在诗里直接表达了出来,她在《游崇真观南楼睹新及第题名处》中说道:"自恨罗衣掩诗句,举头空羡榜中名。"皇榜上的那些男人写诗根本不如我写得好,不如我有才华,就因为我穿着女人的衣服,所以不能金榜题名。

鱼玄机的不幸,不仅是作为女子不能金榜题名,不仅是作为小妾被无故休掉,不仅是结交许多男子,却始终找不到可以托付终身的"有心郎",她最不幸的是,二十四岁就香消玉殒,而且是死于非命。有一天,她被人所邀,准备外出,不过可能有个情人会来找她,她就嘱咐丫鬟绿翘,如果有客人来,就告诉他师父到别处去了。等鱼玄机回来,她怀疑绿翘和她的情人私通,便无情责打绿翘致死,并把尸体偷偷地埋在后院。不久,绿翘的尸体被人发现,便向官府告发。按照现代法律,杀人偿命,理所应当。但是,按照唐代法律,责打仆人致死,短期监禁就可以出来。不幸的是，鱼玄机恰好遇到了著名酷吏温璋，尽管当时不少有身份的人都替她说情，最终她还是被判处了死刑——斩首。还有一种说法，温璋用了最残酷的处死方法：腰斩。

在中国古代才女中，鱼玄机最开放，结局也最悲惨。

几首唐代女诗人名作

古代能诗女性很多，有不少女诗人的诗作都对后世产生了广泛影响，被广为传诵。现在，我先给大家讲几首唐代女诗人的作品。

首先是女皇武则天。武则天本是唐太宗的才人，唐太宗在世时，她就与太子李治有情；唐太宗去世后，她被迫削发为尼，后用诗歌与柔情感化已成为唐高宗的李治，如愿再次入宫。武则天和唐高宗并称"二圣"，唐高宗去世后，她先后废黜儿子李显（唐中宗）、李旦（唐睿宗），最终成为中国古代唯一的女皇帝。

武则天有两首著名的抒情诗，描画出中国古代独一无二的女皇的心路历程。

第一首是《如意娘》：

看朱成碧思纷纷，憔悴支离为忆君。
不信比来常下泪，开箱验取石榴裙。

她用这首诗告诉情人唐高宗：我因为觉得没有出路，思绪乱成一团，竟把大红色看成绿色。我憔悴不堪，经常流泪，都是因为思念您。如果您不相信，可以打开我的箱子看看那浸染泪痕的石榴裙。这首诗写得缠绵幽怨，完全是一个小女人无助地思念情人之作。

武则天是在感业寺写这首诗的，以此思念已经成为皇帝的情人。"看朱成碧"，出自南朝梁王僧孺的《夜愁示诸宾》。王僧孺的这首诗本身影响不大，但是最后一句"看朱忽成碧"，经过武则天的巧妙化用，后来成为人们所熟悉的描写心情不好、眼睛发花的常用词。如果对比武则天的第二首诗《腊日宣诏幸上苑》，我们就会发现，当这个女人的身份发生变化时，她的诗歌也会随之发生变化，简直天差地别。

明朝游上苑①，火急报春知。
花须连夜发，莫待晓风吹。

这首诗体现了女皇的霸气。不过，我怀疑这首诗根本就是演义或传说，在这首诗背后，还有一系列怪异故事。据乐史《广卓异记》记载，武则天称帝后，一些大臣耻于向她称臣，便在腊月时报告"上苑的花开了，请您驾临欣赏"，打算借此谋刺武则天。

---

① 上苑：隋炀帝创建的皇家园林，又称西苑、上林苑，武则天时改称"神都苑"。——编者注

武则天答应了，还发了条诏令，就是这首诗。"火急报春知。花须连夜发"，火速传给春神知晓，赶快让百花连夜齐放！结果，等她到上苑赏花时，寒冬腊月，百花盛开，群臣都对女皇服气了，再也不敢谋反。

民间传奇则将此事与牡丹联系起来，加以改编，说是当时整个皇家园林的花都开了，只有牡丹不开，武则天便命令把长安城的牡丹都贬到洛阳。刚强不屈的牡丹一到洛阳就昂首怒放，洛阳因此成为牡丹之城。不过，这更激怒了武则天，她下令烧死牡丹。最终，被火烧过的牡丹成了一种特别美丽的牡丹，被人们赞为"焦骨牡丹"。后世有几部小说都写到了这件逸事，比如长篇小说《镜花缘》。

再看李冶的两首诗。第一首《相思怨》，明白如话地写出女子思念恋人的感情。人们一般习惯用大海比喻宽广，而李冶认为，论深度，相思情比大海深得多，大海不及它的一半；论广度，大海总有边际，相思情却无边无涯。当相思女带着琴独上高楼弹奏时，整座楼虽然被明亮的月光映照着，却空无一人，特别是没有她思念的人。相思女弹着弹着，琴弦断了，女子的相思愁肠也断了。

> 人道海水深，不抵相思半。
> 海水尚有涯，相思渺无畔。
> 携琴上高楼，楼虚月华满。

> 弹著相思曲,弦肠一时断。

这首诗如行云流水,姿态自然,同时又明白晓畅,朗朗上口。李冶的第二首《结素鱼贻友人》:

> 尺素如残雪,结为双鲤鱼。
> 欲知心里事,看取腹中书。

这首诗使用了"鲤鱼传书"的典故。

李冶是什么人?她是盛唐时有名的女诗人,字季兰,和她有过交往的著名诗人有刘长卿和陆羽。据计有功《唐诗纪事》记载,刘长卿曾说李冶是"女中诗豪"。她生平最著名的事件是:大概三十五岁时,被唐代宗召入宫。当然,唐代宗不是想临幸这位半老徐娘,他只是对李冶写诗的才华感兴趣,至于有没有让她教导妃嫔写诗,史书没有记载。

另一位美女诗人是刘采春,她与著名风流诗人元稹有过感情瓜葛。传说薛涛就是听说元稹更喜欢比她年轻的刘采春,才彻底离开他的。元稹写诗称赞刘采春不仅长得漂亮,还文雅风流:"言辞雅措风流足,举止低回秀媚多。更有恼人肠断处,选词能唱《望夫歌》。"(《赠刘采春》)刘采春不仅是女诗人,还能歌善舞,是艺术家。她唱的是她自己的作品《望夫歌》(《啰唝曲》),共六首,下面是其中三首:

其 一

不喜秦淮水,生憎江上船。
载儿夫婿去,经岁又经年。

其 三

莫作商人妇,金钗当卜钱。
朝朝江口望,错认几人船。

其 五

昨日胜今日,今年老去年。
黄河清有日,白发黑无缘。

晚唐的杜秋娘虽然只留下一首诗,但影响很大,经常被后人引用,这首诗就是《金缕衣》:

劝君莫惜金缕衣,劝君惜取少年时。
花开堪折直须折,莫待无花空折枝。

这首诗同样如行云流水,朗朗上口,既好像是在表达所有人都要趁着年轻积极进取,不要等到满头白发,一事无成,才后悔莫及,又好像是在劝人抓住眼前美女或美男及时行乐,不要等到人老珠黄,了无生趣。

杜秋娘生平不详，不过晚唐诗人杜牧写过《杜秋娘诗（并序）》，比较完整地叙述了她的一生。"京江水清滑，生女白如脂。其间杜秋者，不劳朱粉施。"杜秋娘本名杜秋，天生美丽，能歌善舞，后来进入皇宫，得到唐宪宗的宠爱。她在经历唐宪宗、唐穆宗、唐敬宗三代皇帝后被放归故乡，晚年穷困潦倒，在道观终老。杜牧的诗和序讲述了一个绝代佳人同时也是一个杰出女诗人的坎坷一生，她的作品虽然只有一首《金缕衣》，却传唱千古。

唐代还有很多女诗人，留下了不少精彩的诗歌。有一位女诗人崔氏，虽然仅仅留下姓氏，生平事迹不详，但她的这首诗特别好玩、有趣。她的丈夫叫卢象，是校书郎，官阶九品，娶她的时候已经白发苍苍。崔氏经常皱眉不乐，卢象就问她："你不高兴，是不是因为我年老官小啊？"崔氏用一首诗回答道：

不怨卢郎年纪大，不怨卢郎官职卑。
自恨妾身生较晚，不及卢郎年少时。

这可真有点怨而不怒，更有点黑色幽默了。

朱淑真和《断肠词》

宋代有两位留下词集的女词人，一个是李清照，另一个是朱淑真。李清照的集子叫《漱玉集》，优雅美妙；朱淑真的集子叫

《断肠词》，凄凉悲惨。

关于朱淑真，学术界有些争论：第一，她到底是北宋人还是南宋人？第二，她是哪里人？第三，她嫁的是不是个市侩？第四，她婚内出轨的男人是谁？迄今为止，我认为对朱淑真的生平和创作解读最好的，是著名学者缪钺于1991年发表在《四川大学学报》上的文章《论朱淑真生活年代及其〈断肠词〉》。我跟缪先生有一面之缘，对他的治学严谨有很深印象。

朱淑真是南宋时人，生活年代比李清照晚几十年，迄今流传三百多首诗、三十多首词，学术界公认她的词作成就很高。她是杭州人，家境富裕且有文化，家里有东园、西楼、水阁、桂堂、依绿亭等，但她的父母是什么人已考察不出。她少女时代无忧无虑，生活氛围与李清照相似，读书、赋诗、饮酒、赏花、游玩。比如，她的《初夏》①描写其闺中生活闲适自在、优哉游哉：

> 竹摇清影罩幽窗，两两时禽噪夕阳。
> 谢却海棠飞尽絮，困人天气日初长。

朱淑真人生的致命错误是嫁错郎，她的父亲把她嫁给了一个

---

① 关于此诗诗题，《朱淑真集》（张璋、黄畲校注）作《清昼》，《后村千家诗校注》（刘克庄编，胡问侬、王皓叟校注）作《夏》，《宋诗纪事》（厉鹗编）、《宋诗钞补》（管庭芬钞，蒋光煦编）均作《初夏》。——编者注

可能出身市井的男子。朱淑真嫁过去之后,夫妇之间诗词唱和是连想也不用想,她的丈夫对诗啊词啊一点儿兴趣都没有,两人话不投机半句多。朱淑真有这样两首诗:《书窗即事》和《愁怀》。《书窗即事》说明她只不过是丈夫泄欲的工具,根本感受不到什么真挚的爱情:

> 一阵催花雨,高低飞落红。
> 榆钱空万叠,买不住春风。

《愁怀》说明她和丈夫根本不是一个类型的人,怎么可能成为比翼鸟、连理枝?

> 鸥鹭鸳鸯作一池,须知羽翼不相宜。
> 东君不与花作主,何似休生连理枝。

如果说李清照的新婚岁月是浸在蜜罐里,那么,朱淑真就像鲜花插在了牛粪上。朱淑真只好劝慰丈夫好好读书,争取做官。她写过《贺人移学东轩》,勉励丈夫刻苦攻读;也写过《送人赴试礼部》,她的丈夫既然能参加礼部的考试,说明已经取得举人的资格。怪异的是,朱淑真对丈夫既不叫名字,也不叫"夫君""良人",而是直接称为"人",好像他是市井里与她无关的张三李四一样。她的丈夫没有考中进士,按照科举规定做了个小官或者小吏。朱淑真曾经陪同丈夫到过扬州、湖南。她的《舟行即事七首》直接写出她与毫无雅趣的丈夫谈诗说文时,完全是鸡同鸭讲。

"帆高风顺疾如飞,天阔波平远又低。山色水光随地改,共谁裁剪入新诗?"(《舟行即事七首·其一》)这么好的景色,谁能与我诗词唱和? "对景如何可遣怀?与谁江上共诗裁?"(《舟行即事七首·其五》)我就是写出绝妙的诗,眼前的这个人也不会欣赏啊!"此愁此恨人谁见,镇日柔肠自九回。"(《舟行即事七首·其七》)她欣赏山水,兴致勃勃地写诗,丈夫却像个木头人,既不与她唱和,也不欣赏她的诗。

更叫朱淑真难以接受的是,丈夫居然另觅新欢。她的《新秋》写出了传统的秋扇情思,表达了女人被遗弃的感受:

> 一夜凉风动扇愁,背时容易入新秋。
> 桃花脸上汪汪泪,忍到更深枕上流。

其实,按照当时的社会观念,朱淑真的丈夫有权纳妾,特别是当妻子对自己十分冷淡,让他享受不到男子汉大丈夫的威严时,他就可以找一个更年轻、更听话的女人来伺候自己,逢迎自己,甚至给自己生儿育女。但这是"文学女人"朱淑真所不能忍受的,她毅然离开丈夫,回到娘家。父母乱点鸳鸯谱,朱淑真第一次"断肠"。

朱淑真回到娘家后,并没有循规蹈矩,老老实实地在家里待着。丈夫既然可以另觅新欢，那我为什么不能寻找属于我的真爱？于是，她有了一个情人。她的情人姓甚名谁，是干什么的，学者们始终考察不出来，只是从她的词作推断出她和情人曾经热恋，两人不仅如胶似漆，还公然一起外出游玩。朱淑真居然大胆地、不避嫌疑地把自己的婚内出轨记录下来，写了一首《清平乐·夏日游湖》：

> 恼烟撩露。留我须臾住。携手藕花湖上路。一霎黄梅细雨。　娇痴不怕人猜。和衣睡倒人怀。最是分携时候，归来懒傍妆台。

这是一幅什么场景？在游人众多的湖上，在细雨蒙蒙之中，朱淑真公然在船上与情人男欢女爱，因为过于狂热，她娇痴地睡倒在情人怀里；两人分手回到家里，她慵懒得连梳妆台都不想靠近了。在道学家看来，这首词太不像话，即使是正式的夫妻，也不会做这样出格的事，只有青楼女子才可以这样做。而朱淑真还是与不是自己丈夫的男子公然外出艳游，并且"恬不知耻"地把他们的游玩和情爱记录下来。

朱淑真可能觉得自己终于得到了理想的爱情，却没想到她在这个风流男子的心里，不过是像喝了一杯茶，后来不仅人一走茶就凉，还干脆结冰了。不久，她和情人就诀别了。什么原因？显然是男子薄幸。朱淑真的诗歌中出现过这样一句："寄与南楼薄幸人。"

追求自主爱情的朱淑真再次受到男权霸凌,她又一次"断肠"了。

朱淑真终于发现,问题的关键在于自己不仅是个女人,还是个"文学女人"。如果她甘心做普普通通的妇人,做大字不识的愚蠢妇人,做甘受男人控制、欺凌的妇人,她的日子可能会好过一些。她在《自责二首》中写道:

其 一

女子弄文诚可罪,那堪咏月更咏风?
磨穿铁砚非吾事,绣折金针却有功。

这首诗是说:女人啊女人,你千万不要写诗作词、吟风弄月,安守本分,好好地做做针线,那才算有功德。

其 二

闷无消遣只看诗,又见诗中话别离。
添得情怀转萧索,始知伶俐不如痴。

这首诗是说:女人总在看诗,看到"诗中话别离"时,想到自己与情人的别离,心里非常难受,才知道伶俐聪慧不如呆呆傻傻。

关于朱淑真的词作,有很多争议,其中最有趣的争议还涉及"唐宋八大家"中的重量级人物欧阳修。他的《六一词》里有一首《生查子·元夕》,非常有名。

去年元夜时，花市灯如昼。月上柳梢头，人约黄昏后。　今年元夜时，月与灯依旧。不见去年人，泪湿春衫袖。

"月上柳梢头，人约黄昏后"现在已经成了密约偷期的代名词。其实，我一直怀疑，台阁重臣欧阳修，怎么能写出这么女性化的词句？谭正璧在《中国女性文学史》里就把这首《生查子·元夕》的所有权归于朱淑真，并且把她的《元夜》第三首拿来作对比。

火烛银花触目红，揭天鼓吹闹春风。
新欢入手愁忙里，旧事惊心忆梦中。
但愿暂成人缱绻，不妨常任月朦胧。
赏灯那得工夫醉，未必明年此会同。

谭正璧认为，《生查子·元夕》和《元夜》第三首写的都是朱淑真跟情人幽会。我觉得这种分析有一定道理。

· 第三章 ·

西施：美的化身与救国大任

美女是"潘多拉的盒子"?

中国古代美女如花,我给大家选了最艳丽的四朵,讲讲"四大美女"的生存状态。我们首先看看,在古代男权霸语下,古代美女是怎么成了"潘多拉的盒子",成了灾难根源的。

纵观中国最早的王朝夏、商、周覆亡及春秋诸侯的衰亡,可以看出,对国家命运起关键作用的,都是那些身居高位、掌握大权的男人。他们或因政策失误,或因信用奸佞,或因腐化堕落,最后都给国家带来了巨大灾难。遗憾的是,明明是男人误国,有些文人却常把责任推到女人头上,让弱女子替坏男人顶缸。这实在是个悖论:在古代社会一手遮天的是皇帝,美女通常是皇帝手中的玩物,怎么坏皇帝办的错事,有些文人却经常想办法将其移到美女身上?在某些无聊文人的笔下,中国古代美女简直成了西方神话中"潘多拉的盒子",非但不能给世界带来朝霞的灿烂、月光的明媚、鲜花的芳香,带来真、善、美,反而给世界带来罪恶、灾难、淫荡和贪婪。

潘多拉是希腊神话中给人带来灾祸的美女。传说普罗米修斯从天上盗取火种，送给人类，给人类带来光明，"众神之神"宙斯十分恼火，决定让灾难降临人间。他命令儿子用泥土制作一个美丽迷人的女人。这个女人就是潘多拉，她随身携带一个密封的盒子，里面装满了祸害、灾难和瘟疫。潘多拉来到人间后，私自打开盒子，一股黑色烟雾飞出，疾病、灾难、偷窃、罪恶、嫉妒、贪婪、奸淫、疯癫等各种各样的祸害迅速散落到大地上。

中国古代美女成了"潘多拉的盒子"，那还不是掌握男权霸语的史学家、文学家为虎作伥的结果？人们常说，统治阶级的思想就是社会的统治思想。男人把国家治理坏了，再把责任推给女人，是封建社会统治者的思想。现实生活中的封建帝王就是这样做的。曾经开创"开元盛世"的唐玄宗，晚年不思进取，纳儿媳杨玉环为妃，讲究享受、信用奸佞、纵容藩镇，最终导致"安史之乱"。安禄山兵临城下，大唐皇帝仓皇出逃，到了马嵬驿（今陕西兴平西），"六军不发无奈何"（白居易《长恨歌》），怎么办？把杨贵妃拖出去吊死！然后唐明皇拍拍屁股走人。

一些聪明的女人早就把男人的这些鬼把戏看得透透的。残唐五代十国后蜀末代君主孟昶是知书达礼的文雅美男子，也是昏君。宋朝开国皇帝赵匡胤夺了后周柴世宗的江山后，想统一天下，便派三万士兵攻打后蜀。当时孟昶有十四万士兵防守成都，坐地户打外来户，五个打一个，结果居然吃了败仗，只能向赵匡胤递降书顺表。赵匡胤把孟昶等人带回汴京（今河南开封），然后召见孟昶及其宠妃花蕊夫人，不久孟昶就稀里糊涂地暴亡了。

有一次，赵匡胤问花蕊夫人："你们后蜀是不是因为孟昶宠爱美人才亡国的？"赵匡胤这样问，有一定道理。孟昶热衷房中术，大搞选美活动，规定凡十三岁以上、二十岁以下的女人都要入宫供他挑选。但这只是他误国的次要原因，任用奸臣、决策错误才是主要原因。

花蕊夫人写了首诗回答赵匡胤："君王城上竖降旗，妾在深宫那得知？十四万人齐解甲，宁无一个是男儿。"（《述国亡诗》）十四万后蜀男儿打不过宋朝的三万士兵，孟昶在城头上挂白旗，我在深宫怎么知道这些事？投降的那十四万人中，没有一个是守卫国家的男人！

这就叫"温柔敦厚""怨而不怒"！花蕊夫人的这首诗写得非常巧妙，有力地反驳了"女色误国"论。但是，最后花蕊夫人还是死在了"女色误国"论者的手下。据记载，宋太祖赵匡胤宠爱花蕊夫人，他的弟弟晋王，也就是后来的宋太宗赵光义[①]劝他：这个女人是红颜祸水。宋太祖不听，继续宠爱花蕊夫人。赵光义就趁宋太祖带着花蕊夫人在皇家园林行猎时，假装失手，一箭把花蕊夫人射死了。不过，这个说法也受到了质疑。有人考证，后蜀

[①] 赵光义：宋朝第二位皇帝，原名赵匡义，宋朝开国后，因避赵匡胤名讳而改名为"光义"，即位后又改名为"炅"。——编者注

的花蕊夫人并不是被赵光义一箭射死的,而是她不忘故君,亲手画了孟昶的画像供在卧房,后被宋太祖发现赐死的。被赵光义射死的,是"小花蕊夫人",即南唐后主李煜的妃子。李后主降宋太祖,小花蕊夫人也被宋太祖霸占,后被赵光义射死。两个可怜的花蕊夫人真是异花同命!

古代美女才貌双全的,花蕊夫人算一个。她有《宫词》三十二首传世,后人杂凑成一百首。花蕊夫人的《宫词》清丽明媚,王建的《宫词》都比不上她。这其实很好理解,生活是创作的源泉,王建本身是男人,更没进过宫,而花蕊夫人则在深宫待了很多年,对宫廷生活了如指掌。

花蕊夫人的《宫词》中,文学史家认为最值得重视的是一首《玉楼春》:

> 冰肌玉骨清无汗,水殿风来暗香满。绣帘一点月窥人,欹枕钗横云鬓乱。　起来琼户启无声,时见疏星渡河汉。屈指西风几时来,只恐流年暗中换。

对于这首词的归属,学者们有不同意见,有人认为作者不是花蕊夫人,而是孟昶。大家肯定觉得"只恐流年暗中换"这句词很精彩、很耳熟,那是因为大文豪苏东坡的《洞仙歌·冰肌玉骨》化用了这句词("又不道、流年暗中偷换")。后来,兰陵笑笑生《金瓶梅》也安排西门庆和他的三个小妾孟玉楼、潘金莲、李瓶儿在花园里反复吟唱这句词（"暗中不觉流年换"），我觉得甚至带着点主题吟哦的意味。

孟昶给他的宠妃以"花蕊"命名，说她是人中之花，花中之蕊。因为花蕊夫人喜欢牡丹和芙蓉，孟昶便在后宫专门修建牡丹苑，下令成都全城广种芙蓉花。花开时全城似锦，成都因此有个美称叫"蓉城"。可惜，赋予了城市美名的美女不仅命运多舛，还被宋朝皇帝妄加了"女色误国"的罪名！

可能中国文人觉得总把责任推给女人也说不过去，于是，在各种"女色误国"故事盛行的同时，又出现了"美人救国"的故事，其中最突出的就是春秋晚期的美人西施。

历代文人对西施的追捧、塑造和定型，对中国文学具有至关重要的导向性作用，对中国文学的女性话题具有扭转乾坤之功。因为西施，美女开始由"红颜祸水"向"救国英雄"转型，因此，即使说她的出现具有"划时代"作用，也不为过。

约定俗成话西施

第一，西施被中国人看成美的化身，她是美的代名词，美女的代名词。中国古代最有名的"四大美女"是西施、王昭君、貂蝉和杨贵妃。西施在"四大美女"中名气最大。平时人们称赞哪个人美，总是说这个人"像西施""赛西施"，而不会说这个人像王昭君，像貂蝉，像杨贵妃。大诗人李白曾经见过杨贵妃，并用

"云想衣裳花想容"来描绘她,可是我们现在找不到当时人对西施美貌的描写。即使如此,一说到哪个女人美得像西施,人们也都会相信,这个女人肯定非常美丽。《西游记》描写想和唐僧结婚的蝎子精时就以西施作比:"美若西施还袅娜。"

《红楼梦》也借西施大做文章。曹雪芹先后用西施来形容林黛玉和晴雯。林黛玉既聪明,又美丽。曹雪芹描写林黛玉的聪明是"心较比干多一窍"。古人认为人心有五窍,而比干的心比正常人多两窍,共有七窍。林黛玉比比干还多一窍,比最聪明的人还聪明。曹雪芹描写林黛玉的美丽是"病如西子胜三分"。林黛玉除了多病多愁,还多文化修养、多诗人气质,比西施还胜三分。但西施的美是林黛玉美的基础,所以曹雪芹又给林黛玉的美加了两个具体的比喻,我们可以根据这两个比喻来想象西施的样子。"闲静时如姣花照水,行动处似弱柳扶风",安静的时候像一朵鲜花倒映在碧波上,行动的时候像鹅黄初染的嫩柳在微风中摇摆。多有诗意!娇花已经够美,偏偏还要倒映在碧波上,美得朦朦胧胧,美得更有韵味;嫩柳已经够美,偏偏还要摇摆在春风中,美得秀丽妩媚,美得灵动活泼。不过,可能因为曹雪芹创造的"还泪说"太奇特,林黛玉好哭的名气太大,人们提到林黛玉时,基本不把她当作绝代美女来看,而把她当作最著名的啼哭者。

《红楼梦》中另一个跟西施有联系的是晴雯。王善保家的骂她:"天天打扮的像个西施的样子……妖妖趫趫,大不成个体统。"王夫人也骂晴雯一副"花红柳绿"的浪样子。而晴雯的眉眼又有几分像林黛玉，所以，林黛玉和晴雯都像西施。

第二，"西子捧心"是最美丽的形象。人们说"千金一笑"，似乎美人的笑格外美，而"西子捧心"却被中国文人看成最美丽的形象。西施是苗条的美人，病弱的美人，骨感的美人，弱不禁风的美人，所谓"病西施"。以瘦为美，以苗条为美，不是西方的舶来品，而是中国的文化传统，这个文化传统就来自西施。西施不知道是有心脏病还是有胃病，总是皱眉头、捧心。《红楼梦》中，林黛玉"眉尖若蹙"，眉头好像皱着，所以贾宝玉一见面就送了她一个妙字——颦颦。颦，正是"西子捧心"的意思，曹雪芹是在用"西子捧心"来形容林黛玉的美。其实，据说西施做什么表情都好看。李白说"西施宜笑复宜颦"（《玉壶吟》），笑也好看，皱眉头也好看。辛弃疾借西施写美人"宜颦宜笑越精神"（《浣溪沙·赠子文侍人名笑笑》），不管是笑，还是皱眉头，都格外有神采。

古人喜欢用鲜花比美人，皮日休《咏白莲》却反其道而行之，以西施比白色的莲花："细嗅深看暗断肠，从今无意爱红芳。……吴王台下开多少，遥似西施上素妆。"苏东坡则借西施形容西湖："欲把西湖比西子，淡妆浓抹总相宜。"（《饮湖上初晴后雨》）西湖晴天美丽，下雨也美丽，就跟西施一样，浓妆艳服美丽，淡扫蛾眉同样美丽。

第三，西施是自带仙气的美女。从魏晋南北朝开始，西施有了半仙半人的特点。东晋王嘉《拾遗记》描写西施的美：吴王把西施、郑旦两个美人安排在椒房之内。所谓椒房，就是把花椒掺杂在建筑材料里面，有香气，可以避虫，这种建筑模式被历朝历代的皇室延用下来。西施和郑旦所住的椒房门上垂下水晶串成的珠帘，白天用来遮蔽视线，晚上卷起来看月亮。两位美人一起坐在珠帘内，对着铜镜梳妆，打扮得像月宫仙女。从珠帘外看到她们的人，都把她们当成仙女下凡。《拾遗记》原文如下：

> 吴处以椒华之房，贯细珠为帘幌，朝下以蔽景，夕卷以待月。二人当轩并坐，理镜靓妆于珠幌之内。窃窥者莫不动心惊魄，谓之神人。

《琅嬛记》描写得更加奇妙：西施身有异香，她每次沐浴完，宫人都争先恐后地把她沐浴后的水存起来放到瓮里，然后用松枝蘸着洒到窗帘上、帷幕上，满室生香。时间长了，盛有西施沐浴之水的瓮底下结膏，宫人晒干，放进锦囊随身带着，发现比水还香。据传乾隆皇帝有香妃，而两千多年前的西施早就是"香妃"了。另外，还有这样的传说：西施本是月宫中嫦娥的掌上明珠，坠落到苎萝村，西施母亲吞而怀孕，生产时，一只五彩金鸡飞进了他们家。

第四，西施和爱情、美好联系在一起，所谓"情人眼里出西施"，在情人眼中，他所喜欢的、热爱的，就是西施。

第五，西施是对吴越兴亡起重要作用的人物。在人们的普遍认知中，春秋时期，吴国被越国灭亡是西施对吴王夫差实行"美人计"的结果，西施是"吴越争霸"的关键人物；西施与范蠡是为大爱而舍小爱的情侣，她为了帮助越王勾践复国，不惜牺牲自己的青春和爱情，到吴国实行"美人计"。不少作家认为，西施身在吴国，心在越国，虽然生活在荣华富贵之中，想的却是为故国复仇。这样一来，西施就成了世界上最早的女"007"，美丽的"007"，头戴皇冠的"007"，用鲜花般的笑容和轻歌曼舞克敌制胜的"007"。

007是二十世纪红透半边天的西方文学与影视中的间谍形象，原名詹姆斯·邦德，英国特工。他扫除黑帮，歼灭大狂魔，智斗苏联克格勃，智勇双全，无坚不摧，成为好莱坞的银幕英雄。007的身边经常出现各种肤色的美女，统称"邦女郎"。英国女王伊丽莎白二世居然也出演过"邦女郎"。2012年，伦敦奥运会想出一个吸引全球目光的绝招，让"007"到白金汉宫邀请女王参加奥运会，然后"女王"（替身）身系降落伞，从直升机一跃而下，空降开幕式。

而在中国文人的笔下，能颠覆一个诸侯国的是女"007"西施。中国文学真是"先前阔"，连间谍戏都比西方早两千多年。

正史记载的西施

西施既然有这么大的名气和影响，那么，历史上真有这个人吗？我现在就列出相关史料来看一看。

第一个史料是《管子·小称》。管子曰:"毛嫱、西施,天下之美人也,盛怨气于面,不能以为可好。"管子说,毛嫱、西施是天下数得着的美人,她们如果发脾气,怒容满面,也不好看。

从时间顺序来看,《管子·小称》中的文字是中国古代关于西施的最早记载。那么,问题来了,《管子·小称》的作者是谁?他生活在什么年代?管子,即管仲,约生于公元前723年,卒于公元前645年。他辅佐的齐桓公是春秋初年齐国国君,也是春秋第一个霸主。管仲生活在吴越之争前一百多年,他怎么会知道春秋晚期的美女西施呢?于是,有人提出两种看法:一种是,管子所说的"西施"是另外一位美女;另一种是,"西施"是春秋时期对美女的通称。

我是这样理解的:《管子》这本书比较复杂,里面有管子本人的作品,也有后人根据管子的思想后加的作品。郭沫若认为《管子》里面可能有汉代人的作品。另外,也有学者认为《小称》不是管子所写,而是春秋晚期其他人加进去的。春秋晚期大概是指公元前550年至公元前476年这一时间段。公元前482年,勾践攻入吴国,在这之前,西施已进入吴国。

《管子·小称》虽然是较早记载西施的文本,但是一个孤证不能证明"西施"这个人确实存在,还得看其他先秦诸子的记载。

第二个史料是《墨子·亲士》。墨子曰:"是故比干之殪,其抗也;孟贲之杀,其勇也;西施之沉,其美也;吴起之裂,其事也。"意思是:比干死,是因为他生性刚直;孟贲被杀,是因为他勇武;西施被沉江,是因为她美丽;吴起被车裂,是因为他有能力。

比干是殷纣王的亲叔叔,他再三向殷纣王进谏,不要横征暴敛,不要劳民伤财,不要滥杀无辜。殷纣王非但不听,还把他杀了。孟贲,战国时期齐国的勇士,后被年少骁勇、喜欢举鼎的秦武王任用为将,因逞勇而死。吴起是战国初期著名的军事家,卫国(今山东菏泽定陶西)人,大约生活在公元前440年至公元前381年。他担任过鲁国将军,带领鲁军大破齐军,立下赫赫战功,可是非但没有得到奖赏,反而被鲁国贵族中伤,结果被鲁侯辞退。后经人劝说,他来到魏国,建下不朽功勋,战功卓著,做到郡守之职。可是,他又遭到了魏国贵族的嫉恨和陷害,不得不逃到楚国。吴起到楚国时已五十三岁,一年后,他被楚悼王任命为楚国最高军政长官令尹,进行了一系列变法改革,比如,收回旧贵族的封地、裁减无关紧要的官吏等,使得楚国很快强盛起来。公元前381年,楚悼王突然病故,被吴起的改革损害了既得利益的贵族乘机作乱,向进宫治丧的吴起发起进攻,乱箭齐射,吴起躲到楚悼王尸体下,但还是被射杀。楚肃王即位后,造反者被全部处死,吴起的尸身也被车裂。为什么?因为他竟敢连累楚悼王的尸体被射箭,简直大逆不道!

墨子的这段话对探讨历史上的西施非常重要。墨子生活在孔子和孟子之间,离吴越之争很近。公元前473年,吴国灭亡,夫差自杀,西施被沉江而死。墨子得到的信息应该比较可靠。按照历史学家对墨子生卒年的推断,他大约生活在公元前479年至公元前

381年。①如果墨子的出生时间是历史学家设定的上限，那么，恰好在他童年时期，吴国灭亡，越国称霸，这时他就有亲耳听到吴越之争及西施被沉江而死的机会。墨子提到的比干、孟贲、吴起，都和正史记载相符，他把西施和这三个真实的人物并举，说明西施不仅不是虚构的人物，还是与比干、孟贲、吴起一样重要的历史人物。在古人看来，男人刚直勇武，就像女人的美丽一样可以招祸。所以，墨子把他们四个人放到一起，排列的顺序是：比干在最前，孟贲在第二，西施在第三，吴起在最后。《墨子》的记载说明两点：第一，西施是很有影响的真实历史人物；第二，西施因为美丽而被沉江。

第三个史料是《孟子》。孟子曰："西子蒙不洁，则人皆掩鼻而过之。"意思是：即使像西施这样美丽的人，如果蒙受了不洁，人们也会捂着鼻子躲开她。

孟子生活在公元前372年至公元前289年，离吴越之争比较近。孟子对"王道霸业"比较关心。他既关注帝王，也关注与帝王霸业有关的其他人物。孟子喜欢用比喻说事，他说的"西子蒙不洁"，主要是劝说人们要注意道德修养。《孟子》的记载值得注意的有两点：第一，在孟子那个时代，西施非常有名，是"美丽""美好"的代名词，人们常常将她作为标杆，拿她来说事；第二，孟子对西施很尊敬，不说"西施"，而说"西子"。"子"是古人对男子的

---

① 据《辞海》，墨子生卒年约为公元前468年至公元前376年。——编者注

尊称或美称，孟子用"西子"来称呼西施，说明他非常尊敬这位美人。"西子"的称呼从此被历代文人沿用下来，苏东坡、曹雪芹讲到西施时都称她为"西子"。西施是"四大美女"中唯一被圣贤和文豪尊称为"子"的人物，地位崇高。

第四个史料是《庄子》。《庄子》三次提到西施，其中《天运篇》写道："西施病心而矉[1]其里，其里之丑人见之而美之，归亦捧心而矉其里。其里之富人见之，坚闭门而不出；贫人见之，挈妻子而去走。"西施常因为心口疼而皱着眉头，邻里的一个丑女看到西施这个样子，觉得格外美丽，也捂着胸口、皱着眉头在街上来回走。邻里的富人见了她，紧紧关上门不出来；穷人见了她，干脆带着妻儿离开。

庄子跟孟子时代相同，可能略小于孟子，大约生活在公元前369年至公元前286年。庄子生活的时代离吴越之争也比较近。庄子喜欢用真实的历史人物、历史现象来说某种哲学道理。《庄子》的记载值得注意的有三点：第一，西施是确实存在的、大名鼎鼎的美女；第二，西施的美是瘦弱的美，病态的美；第三，出现了"东施效颦"的原型。

《楚辞》和《淮南子》也都提到了西施，说西施是著名美女。《楚辞·九章·惜往日》是伟大诗人屈原的绝笔，里面有这样的句子："虽有西施之美容兮，谗妒入以自代。"屈原用西施之美比喻

---

[1] 矉：通"颦"，皱眉。——编者注

自己道德的美，说自己有高尚的品德和治国的才能，却受到坏人的诋毁。《淮南子》说："西施、毛嫱，状貌不可同，世称其好美钧也。"西施和毛嫱两个著名美人虽然相貌不同，但她们的美有一个共同特点，那就是和谐。钧，即和谐。

上述所有史料都着眼于描写西施的美丽，都把她当作"美丽"的标准，同时也写到她因为美丽而遭遇的不幸。但是，这些历史记载都没写西施是什么地方的人，她做过什么样的事，她和政局有什么关系，她的美丽对历史的进展有什么作用。

关于"吴越争霸"，几部重要的史书都有记载。《左传》写到吴越之间的几次战争，写到吴王夫差北上争霸，写到吴王夫差和伍子胥在对待越国问题上的矛盾和斗争，但却没有出现西施。《史记·越王勾践世家第十一》明确写到越王勾践向吴国献美人宝器，但献美人宝器的对象是太宰嚭，美人的名字没有出现。《国语》记载吴越之争，提到越国向吴国贡献美女时，也没出现西施的名字。西汉年间刘向整理的《战国策》倒是出现了西施的名字。《楚策》："西施衣褐而天下称美。"《齐策》："后宫十妃，皆衣缟纻，食粱肉，岂有毛嫱、西施哉？"不过，这两篇只提到西施是美人，至于她是哪儿的人，做过什么事，也没有记载。

西施参与吴越之争，且扮演重要角色，最早是在《越绝书》和《吴越春秋》中出现的。从此，西施与吴越之争紧密联系起来。再往后，关于西施的故事更多、更离奇，咏叹西施的诗词层出不穷，描绘西施的戏剧接连问世，西施渐渐从微不足道的历史人物，演化为越来越与国家命运息息相关的的文学形象。

西施入吴成为越国国策

西施的名声越来越响，是因为真实历史人物的影响吗？不是，是历代文人通过编野史、写诗写词、写小说、写戏剧，一步一步捧"红"的。我把这种文化现象叫作"众擎群举塑娇花"。但是，请大家注意，这些野史、诗词、小说、戏剧的作者，有几个是女性？基本上没有。或者说，凡是有一定影响的作品，概无例外，作者都是男性。其中，有的男作家比较尊重女性，有的男作家还是秉持"男性至上"的观点。

西施的出现，使吴越之争获得了全新的内涵和经久不衰的魅力。西施的出现，也给了历代文人极大的想象空间，百写不厌，形成了古代传统文化中特殊的"西施现象"。这已不是历史现象，而是有趣的文学现象。我觉得还可能是独有的中国文化现象。

西施虽然是古代名气最大的美女，但是，《左传》和《史记》中连西施的名字都找不到，《战国策》倒是出现了西施的名字，可也只是说她是个美人。直到《越绝书》和《吴越春秋》，才有了关于西施与吴越之争关系的记载：使用"美人计"，把西施送给夫差，成为越国君臣破吴的重要国策。

《吴越春秋·勾践阴谋外传》写道，在吴越之争中，越国失利，越王勾践被吴王夫差俘虏，成为吴王的奴隶。勾践用假意顺从迷惑夫差，夫差认为勾践对他已经形不成威胁，便把他释放回国。勾践被夫差释放回国后，一心复国。越国的上大夫文种给他出了"伐吴九术"，就是击败吴国的九种办法，其中之一是"遗美女以惑其心而乱其谋"，送美女迷惑吴王，扰乱他的计谋。越王对文种说："听说吴王好色，是不是可以趁机谋取？"文种说："吴王好色，太宰嚭奸诈，我们献美女，他们一定接受。希望大王选择两位美人送给吴王。"越王于是在苎萝山找到了西施和郑旦。两个少女虽然既没文化，也不懂礼仪，但是天生丽质，姿容绝世。越王在吴、越之间一个叫"土城"的地方办起"美女培训班"，由宫中女官教西施和郑旦歌舞，由老乐师教她们音乐，由朝廷礼官教她们文化和礼仪，由范蠡等人向她们灌输灭吴复国的思想。西施和郑旦在土城整整学了三年，最后被训练成能歌善舞、优雅雍容的宫廷美女。勾践派范蠡把西施和郑旦送到吴国，对吴王说："越王勾践收留了两个失去父亲的美女，不敢自己留用，派下臣把她们献给大王。"吴王说："越王得到美女不自己享用，而是献给我，说明他忠心于吴。"伍子胥马上出来制止，他对吴王说："大王如果接受越王进贡的女子，必会遭受祸殃。越王是立志要复仇的，他必定成为吴国的劲敌。贤士是国家的宝贵财富，美女是国家的灾祸。夏朝灭亡在美女妹喜手里，殷商灭亡在美女妲己手里，西周灭亡在美女褒姒手里，这些都是前车之鉴。"但是，吴王不听伍子胥的话，还是接受了西施和郑旦，后来郑旦病故，西施独宠。

《越绝书》和《吴越春秋》都是东汉时的书。《越绝书》的辑录者是袁康、吴平,《吴越春秋》的作者是赵晔。对于这两本书,有人称为"后世补亡之书",意思是靠前代史学家漏掉的史料对历史做补充;有人称为"地域性史书",意思是靠对地域的深入了解而写的史书;有人称为"带野史性质的史书",意思是不能算作正规历史书。《四库全书总目提要》认为《吴越春秋》"尤近小说家言"。元代历史学家徐天佑认为,撰写《吴越春秋》的人离真实时代比较近,又是越人,知道其他历史学家所不知道的事,所以他对吴越之争写得比其他历史书详细。徐天佑似乎是把《越绝书》《吴越春秋》看作"越人补亡之书",也就是根据散佚在民间的历史资料而写成的地方性历史书。《吴越春秋》中的很多内容是参考《越绝书》的。我觉得把《越绝书》《吴越春秋》看成包含民间传说在内的有价值的地域性史书,比较合乎情理。

那么,西施在被越王送到吴国之前是什么地方的人,又是做什么的呢?《吴越春秋》说西施是在苎萝山砍柴的,《八朝穷怪录》说西施是浣纱的,我觉得这两种记载都有可能是事实。一个贫困的农家少女,既可以上山砍柴,也可以下河浣纱。明代崇祯刻本《苎萝志·西子传》,就把砍柴和浣纱结合起来,说西施的父亲是砍柴的,母亲是浣纱的,苎萝山下有块方石,传说就是西施当年浣纱的地方。《苎萝志·西子传》原文是:"父鬻薪,母浣纱。今山边有方石,传是西施浣纱石也。"明代距离春秋晚期两千多年,不知崇祯刻本的《苎萝志·西子传》有什么独家根据和发现。女子砍柴,本身就不怎么有诗情画意,所以,后世文人对最早的"砍柴说"都弃而不用。最终,美女浣纱成为西施固定的"造型",她手里洁白的纱,让历代文人大做文章。

吴越之争是怎么回事?

既然《越绝书》和《吴越春秋》提到西施入吴是越国的灭吴国策,那么,吴越之争到底是怎么回事?

吴国和越国是春秋时期地处东南的小诸侯国。吴国与周室同族,始祖是周文王的伯父。吴国位于长江下游和太湖流域,都城姑苏(今江苏苏州)。越国始祖据传是夏朝君主少康的庶子无余,经二十余世传至允常。越国位于杭州湾沿岸和钱塘江流域,都城会稽(今浙江绍兴)。现在这两个地方都是富庶的鱼米之乡,但在春秋时期,吴国和越国因离中原较远,人口稀少,土地没有开发,交通不便,人民文化水平低,是边远蛮夷之地。春秋后期,中原的晋、齐、秦忙着政变,南方逐渐形成楚、吴、越三足鼎立的局面。

吴王阖闾,公元前514年至公元前496年在位,他雄才大略,励精图治,吴国由此成了强国。他重用楚国名将伍子胥、齐国军事家孙武,兴师伐楚,楚国元气大伤,吴王阖闾成了霸主。这个时候,越国是吴国的属国,勾践即位后,在范蠡和文种的帮助下逐渐强大起来,想要摆脱吴国的统治。勾践与吴王的斗法真是无所不用其极。如果说曹操是奸雄,那么,勾践就是奸雄的祖师爷;如果说曹操是豪爽而有点可爱的奸雄,那么,勾践就是心理阴暗、令人恶心的奸雄。

先看越王勾践在战场上是怎样用诡计害死吴王阖闾的。

吴、越第一次大战是"槜李之战",槜李就是现在的浙江嘉兴。战争起因是公元前506年吴王伐楚时,越王允常趁吴国内部空虚袭击了吴国。公元前496年,阖闾带兵伐越,欲报十年前之仇。两军对垒,吴国士兵多,武器精良;越国士兵少,武器也差。越王勾践派士兵冲锋陷阵,吴军却按兵不动。怎么办?勾践和谋臣就想出一条"集体自刎"的毒计,把吴军给忽悠了。他是怎么做的呢?勾践先是把触犯军令的士兵集合起来,向他们许诺:"你们如果听我安排死在战场上,我就给你们的家属优厚待遇;你们不听我的,我现在就杀了你们。"然后,他让这些士兵在吴军阵前排成三行,人手一剑,横在脖子上,齐声呼喊:"我们对不起吴王,自刎谢罪!"喊完,就面向吴军集体自刎。第一排越兵齐刷刷倒下,第二排接着呼喊、请罪、自刎,然后是第三排。吴兵很奇怪,越兵这是在做什么?他们都看傻了。勾践便乘机下令进攻,吴军顿时阵脚大乱。越国名将灵姑浮用戈击中吴王,斩断了他的大脚趾,抢到他一只鞋子。吴王受伤,匆匆退兵,走到离槜李七里远的地方时,因流血过多,死了。

吴国士兵丢盔卸甲,回到吴国。夫差即位,对杀父仇人恨之入骨,派人每天站在庭院,他一出来,就对着他大叫:"夫差,你忘了越王杀你父亲的仇吗?"夫差恭恭敬敬地回答:"绝不敢忘。"公元前494年,勾践兴兵伐吴大败,在会稽被吴军团团围住,派大夫文种用金钱贿赂吴国太宰嚭，表示愿意把金玉、子女都交给吴国，越王带着宝器随吴王回国。太宰嚭受贿，把越王求和的事转告吴王。伍子胥主张坚决灭越，说："如果听任越国休战，后果不堪设想。"但是，这时夫差一心想攻齐国，称霸中原，执意接受越王投降。勾践带着夫人和范蠡到吴国为奴，在石室养马，对夫差卑躬屈膝，丧尽人格。传说最广的是：勾践在吴王夫差生病时尝他的粪便，因此感动了吴王夫差。公元前491年年底，勾践获释回国。夫差以为越国已降服，就北上中原争霸。

因夫差骄傲自大、刚愎自用、穷兵黩武、骄奢淫逸，吴国内部矛盾日趋激烈。夫差和太宰嚭主张存越伐齐。存越是向诸侯表示仁义，伐齐是为了称霸中原。公元前486年，夫差为了运粮草、军队，动用大量人力从扬州西北引江水通高邮，贯通长江和淮河，史称"邗沟"。夫差沿这条河北上，两败齐国，跟晋国争当霸主。伍子胥一直苦劝夫差，反对劳师远征攻打齐国，认为越国才是心腹大患，可是吴王不听。据《左传》记载，伍子胥告诉其他吴国大臣："越十年生聚，而十年教训，二十年外，吴其为沼乎！"伍子胥私下把儿子送到齐国，改姓"王孙"，打算避开吴国的灭亡灾祸，结果被夫差发现，赐属镂剑令伍子胥自杀。伍子胥预言吴国未来必亡，并留下遗言，要家人在他死后把他的眼睛挖出来，挂在姑苏城东门之上，亲眼看着越军攻入吴国。夫差大怒，命令把伍子胥的尸体盛到皮囊里，丢到钱塘江中。

夫差杀伍子胥，陷入越国圈套。勾践利用吴王对外用兵的时机,开始复国大计。为牢记会稽之耻,他把都城从诸暨迁到会稽,休养生息,发愤图强。他身边聚集了许多"霸王之佐",如范蠡、文种等。勾践善于搞权术,针对吴王好大喜功的特点,百般逢迎。吴国出兵攻齐,越王送给吴国大量的财物,目的是要吴国在战争中疲敝。为孤立吴国,越王还采取了联结齐国、亲近楚国、归附晋国("结齐、亲楚、附晋")的策略,在几个大国之间投机。《吕氏春秋》说越王"欲深得民心,……内亲群臣,下养百姓"。越王勾践奖励生育,增殖人口;十年不收税,以利生产发展,培养百姓的战斗力。在复国过程中,越王还创造了好几个被后世广泛使用的典故,如"卧薪尝胆"等。公元前482年,夫差带兵到黄池(今河南新乡封丘南)和鲁哀公、晋定公相会,国内只有老弱残兵,勾践乘机袭击,兵分两路:一路由海路入淮河,断绝吴军的归路;一路由陆路北上,直捣吴国都城姑苏,俘虏并杀害吴太子友,火烧姑苏台。夫差仓皇回国,用厚礼向越王求和。勾践因为还不具备灭吴的实力,便接受了吴王的求和。这时,吴国兵力极其疲敝,几乎耗尽。勾践于公元前475年在围困吴都三年后,终于攻入吴国。公元前473年,吴国灭亡,夫差自杀。"吴越争霸"以越国胜利结束,越王大会诸侯于徐州,成为春秋最后一霸。

据《左传》记载,鲁哀公二十年(前475),越围吴;鲁哀公二十一年,越国战胜吴国后,欲霸中原,派人到鲁国;鲁哀公二十二年冬天,越灭吴,让吴王到东海一个小岛(甬东)去住,吴王"辞曰:'孤老矣,焉能事君?'乃缢",吴王自杀了。曾仔细描写晋国骊姬之乱的左丘明,却在《左传》中对西施一个字也没提,这说明,在掌握大量真实史料的正统历史学家眼中,吴越之争是政治家之间的斗智,是军事家之间的斗法,不是美女所能操纵的。而在后世文人的笔下,政治家、军事家的作用却渐渐被美女西施取而代之,历史及真实的历史人物也被他们做了"想象性变形",比如范蠡,就从杰出的政治家变成了"为国舍爱的忍情情人"。

西施如何灭吴?

在《越绝书》和《吴越春秋》中,西施是越国大夫文种破吴的"九术"之一,另外还有八个计策,比如,贿赂吴王奸臣、诱使吴王残杀忠臣等。但在历代文人的笔下,西施的"美人计"似乎成了统领"九术"的主要权术,越国复国、吴国灭亡似乎都围绕着她来展开。

比如,吴王夫差为西施扩建姑苏台。在西施入吴的时候,越王勾践听说夫差要扩建姑苏台,就派三千名木工到越国的深山老林找可以做宫殿大梁的木头。木工找了一年都没找到,很想回家,于是吟唱《木客吟》,一夜之间,山上长出一对神木,长五十寻[①],粗二十围,二十人才能环抱一圈。阳面是有斑纹的梓木,阴面是楠木。勾践让能工巧匠把两根木头雕成圆柱,涂上颜料,画上花

---

① 寻:古代长度单位,一寻等于八尺。一说六尺、七尺为一寻。——编者注

纹，镶上白玉、黄金，形状像飞舞的巨龙，发出耀眼的光辉，然后派人给吴王送去。吴王看到神木很高兴。伍子胥劝说吴王："您不要接受，从前夏桀建灵台，商纣建鹿台，都非常消耗国力，搞得民不聊生，阴阳不和，国家空虚，招致灭亡。如果大王您接受越王的木头，将来肯定会被越王杀戮。"吴王不听，拿越王的神木做主梁，扩建阖闾建造的姑苏台，大兴土木，好几年才建成。传说，姑苏台高三百丈、宽八十四丈，从台上可以看到二百里外的风景。因为修建姑苏台劳民伤财，吴国死了不少人，百姓怨声载道。姑苏台成为吴王夫差和西施的主要游乐场所。后世文人特别喜欢把姑苏台的账算到西施头上，比如，李白《口号吴王美人半醉》："风动荷花水殿香，姑苏台上宴吴王。西施醉舞娇无力，笑倚东窗白玉床。"

传说，夫差兴建了各种供西施玩乐的亭台楼阁：他在姑苏台上修建了一座富丽堂皇的"春宵宫"给西施居住；在灵岩山上建了一座"馆娃宫"供西施游乐。馆娃宫金碧辉煌，雕梁画栋，四壁装饰着金银、玉翠、玛瑙、琥珀。吴王专门给喜欢弹琴的西施建了琴台，造了玩花池，又称"浣花池"，还有玩月池、采香泾、西施洞等。传说，西施喜欢穿着木底鞋走路、跳舞，声音特别好听，夫差就在通向馆娃宫的半山腰建了个"响屧廊"，把廊下的三百米山路全部凿空，铺上一个个大瓮，再把材质特别坚硬的木头铺在瓮上，穿着木底鞋从上边走过时，响声"笃笃笃"的清脆异常。夫差经常让西施穿着木屐在响屧廊来回走动，也让宫女们穿着木底鞋在上面行走。西施穿着木底鞋在响屐廊跳舞，声音像"大珠小珠落玉盘"，成了夫差非常喜欢的节目。夫差给西施建造的响屐廊成为一代又一代诗人反复吟诵的诗题，如李白的《浣纱石上女》写道："玉面耶溪女，青娥红粉妆。一双金齿屐，两足白如霜。"李白说，西施的脚像霜雪一样白。我读到这首诗时就想，难道李太白见过西施的脚？

西施被看成灭亡吴国的罪魁祸首。唐代诗人杜光庭《咏西施》："素面已云妖，更著花钿饰。脸横一寸波，浸破吴王国。"素面，就是不化妆，素面朝天。花钿，指女人脸上的一种饰品。一寸波，指美人像水一样的眼波。浸破吴王国，指这如水一般的眼波，攻破了吴国这个强大的诸侯国。这首诗的意思是：西施不化妆时已经美丽得像妖精一样，她如果再精心修饰，施展出狐媚功夫，就把强大的吴国消灭了。

李白的《乌栖曲》也是这个意思："姑苏台上乌栖时，吴王宫里醉西施。吴歌楚舞欢未毕，青山欲衔半边日。"吴王夫差不分日夜地沉醉在西施的诱惑中。在通宵达旦的宴饮和歌舞中，吴王沉醉了。伴随着西施的欢歌妙舞，吴国日薄西山。

唐代很多著名诗人都把西施看成吴国灭亡的主要原因。皮日休《馆娃宫怀古五绝·其一》："绮阁飘香下太湖，乱兵侵晓上姑苏。越王大有堪羞处，只把西施赚得吴。"他认为堂堂越王靠"美人计"战胜强大的吴国，实在是不知羞耻。汪遵的《越女》认为西施来到人间就是为了颠覆吴国的："玉貌何曾为浣沙，只图勾践献夫差。苏台日夜唯歌舞，不觉干戈犯翠华。"意思是：西施的花容月貌不是为了到人间来浣纱的，而是为勾践的"美人计"服务的。西施在姑苏台轻歌曼舞，而勾践的大军借着西施的掩护兵临城下。卢注的《西施》干脆认为灭亡吴国不需要其他手段，一个西施就足够了："惆怅兴亡系绮罗，世人犹自选青娥。越王解破夫差国，一个西施已是多。"他把西施亡吴的作用强调到了极点。

不过，也有诗人替西施辩护，认为吴国灭亡是因为君臣出了问题，大政方针出了问题，不能把账算到西施身上。比如，唐代诗人罗隐《西施》："家国兴亡自有时，吴人何苦怨西施。西施若解倾吴国，越国亡来又是谁？"意思是：一个国家的兴亡有自己的规律，吴国人何苦因为亡国而埋怨西施？如果西施能够灭亡吴国，那么越国灭亡又是因为哪个美女？陆龟蒙《吴宫怀古》："香径长洲尽棘丛，奢云艳雨只悲风。吴王事事堪亡国，未必西施胜六宫。"他认为吴王做的很多事情都会导致亡国，未必是艳冠六宫的西施起的作用。崔道融的《西施滩》则直接指出吴国灭亡，是因为太宰嚭奸臣误国，而不是因为西施："宰嚭亡吴国，西施陷恶名。浣纱春水急，似有不平声。"意思是：吴国灭亡本来是奸臣太宰嚭误国的结果，西施反而替他背了恶名。就连当年西施浣纱的潺潺春水，似乎也在替她发出不平之声。苏拯的《西施》则把吴王与周幽王、殷纣王联系起来，认为是他们作为帝王政德不修，上天才因此派来亡国美人的："吴王从骄佚，天产西施出。岂徒伐一人，所希救群物。良由上天意，恶盈戒奢侈。不独破吴国，不独生越水。在周名褒姒,在纣名妲己。变化本多涂,生杀亦如此。君王政不修,立地生西子。"这样的诗,不仅"解脱"了西施,简直成了对暴君的劝诫书。

西施最后的结局是什么呢?关于西施亡吴后的下场,一般有两种说法:沉江说和泛湖说。

西施沉江说的根据主要有两条。一条是离《吴越春秋》时间很近的墨子提供的,《墨子·亲士》:"西施之沉,其美也。"西施因为太过美丽,被沉江而死。另一条是《吴越春秋》:"吴亡后,越浮西施于江,令随鸱夷以终。"吴王死后,越人把西施装到盛酒的皮口袋里,沉到江中,让她得到与伍子胥一样的下场。

西施是被谁沉江的呢?这个问题又有四种说法:

第一,西施被越王勾践沉江。越王勾践为复国曾拜过西施,西施入吴后对越王勾践丧失人格,对夫差极尽卑躬屈膝之事非常了解。越王破吴后,不乐意西施返回越国传播他的丑事,就把西施沉入江中。勾践是个过河拆桥的小人,范蠡就说过勾践可共患难,不可共富贵。"狡兔死,走狗烹",连最重要的谋臣文种在胜利后都被勾践杀害,为复国做出贡献的西施被越王杀害完全有可能。

第二,西施被嫉妒的越后沉江。西施亡吴后,成为越国的功臣,早就对她的美色馋涎欲滴的勾践俘获了西施,把西施带回会稽,想放到自己的后宫。妒忌的越后便设计把西施骗出,沉到江里。现在苏州有一座"袋沉桥",据说越后就是在此处把西施装入口袋,沉到江里的。最容易伤害女人的往往也是女人,从心理学角度来看，越后沉西施的说法，也有一定道理。

第三，西施被范蠡沉江。西施亡吴后，回到越国，范蠡因为她以美色误吴国，担心她再以美色误越国，干脆把西施沉到江里。秉持这种说法的人，突出了范蠡的政治家特点。

第四，西施自沉。西施入吴，成为吴王宠妃，英雄爱美女，美女爱英雄，她跟吴王产生了真正的爱情。吴王自杀，西施痛不欲生，有国难回，有家难投，对吴国人来说，她是灭亡了吴国的罪魁；对越国人来说，她是吴王的宠妃，甚至是吴国王后。最后，西施只好以死报吴王。这个说法，爱情至上者很受用。

西施沉江后，居然还对自然环境产生了影响。《东坡异物志》记载："扬子江有美人鱼，又称西施鱼，一日数易其色，肉细味美，妇人食之，可增媚态，据云系西施沉江后幻化而成。"郁达夫《饮食男女在福州》："福州海味，在春三二月间，最流行而最肥美的，要算来自长乐的蚌肉……《闽小纪》里所说的西施舌，不知是否指蚌肉而言。"更有甚者，连"西施婆婆面"都出来了。

再看西施泛湖说。西施亡吴后跟随范蠡泛湖而去，有没有历史根据？有。《越绝书》："西施亡吴国后，复归范蠡，同泛五湖而去。"按说《越绝书》在《吴越春秋》之前，应更可信，这"良好愿望"也颇受后世文豪欣赏。苏东坡《戏书吴江三贤画像三首·其一》写范蠡"更怜夫子得西施"，浪漫诗人确实喜欢花好月圆的结局。

元杂剧中至少有两个剧本以西施为主角，并且强调西施与范蠡是情人关系。这两个剧本分别是关汉卿《姑苏台范蠡进西施》和赵明道《陶朱公范蠡归湖》，可惜都散佚了。明代汪道昆《五湖游》也写西施最后跟范蠡结合了。

胡适先生有句名言：历史是任人打扮的姑娘。

历史上的姑娘，更可以让文人们随意打扮。西施，这朵古代美女花园中最艳丽的花，就是靠一代又一代文人精心培土、施肥、嫁接、浇灌，最终成为真善美之花的。而梁辰鱼的《浣纱记》则独出心裁地诠释了西施从浣纱女到女"007"，从荒村佳人到复国大英雄的大转折。

西施、范蠡为国舍爱

大家应该特别感谢明代戏剧家梁辰鱼，因为他用昆曲的开山之作《浣纱记》给中国文学塑造了一个妙不可言的美人西施，并且创造了西施、范蠡为国舍爱的故事。那么，梁辰鱼是什么人？

梁辰鱼是中国戏剧的大功臣。现在昆曲舞台上仍然使用明代音乐家魏良辅创作的曲谱，而梁辰鱼就是实践魏良辅昆曲曲律的第一人。吴梅村说："里人度曲魏良辅，高士填词梁伯龙。"（《琵琶行》）梁伯龙就是梁辰鱼。朱彝尊说："传奇家曲，别本弋阳子弟可以改调歌之，惟《浣纱》不能，固是词家老手。"（《静志居诗话》）其他人的传奇剧本，演员演出时可以改动唱腔，只有《浣纱记》，谁也不能动、不敢动。

梁辰鱼,字伯龙,昆山人,大约生活在十六世纪中期(1521—1594),《列朝诗集》说他"好轻侠,善度曲,啭喉发响,声出金石"。梁辰鱼是著名歌唱家。梁辰鱼之所以能写出《浣纱记》,和他自己功名不就、寄情声乐有关。他把自己的治国抱负和才能赋予春秋晚期的范蠡,把对美女的期望寄托到西施身上。《浣纱记》人物生动,场面精彩,辞藻丽,一问世就脍炙人口,不胫而走,"歌儿舞女,不见伯龙,自以为不祥也"(徐又陵《蜗亭杂订》)。

梁辰鱼塑造的妙不可言的美女西施,现在仍然在各个剧种中活着。说句夜郎自大的话,咱们的浣纱女西施比西方文学中那些大名鼎鼎的美女强多了。比如,引发特洛伊战争的海伦是不是有点平面化?她虽然美艳到令特洛伊城元老院的老爷子也交口称赞,但她的精神世界和内心情感,谁知道?两个国家为她打了十年仗,她的内心经历了什么样的波澜?她思考过国家和民族的命运吗?我们一概不知。信奉个人至上的西方作家似乎对借儿女之情写兴亡之感兴趣不大,而中国作家则重"道",重修身、齐家、治国、平天下的大道理。梁辰鱼把"文以载道"美女化,用《浣纱记》创造了一个为大我而弃小我的"美以载道"的典范。西施的美是为国家兴亡、黎民福祉而服务的。西施对爱情执着,对家国忠诚,经历曲折跌宕,内心世界丰富,举手投足间充满诗意和美感。梁辰鱼成功地塑造了一座"美女救国"的永恒雕像。这位救国美女首先要为了大我牺牲小我,为越国牺牲爱情。《浣纱记》创造的西施、范蠡为国舍爱的情节,被后世的作家沿用下来。

《浣纱记》的主要剧情是：范蠡和西施在西施浣纱的溪畔相遇，然后定情、订婚。不久，吴国打败越国，困勾践于会稽山。勾践和范蠡买通太宰嚭，离间吴王和伍子胥的关系，入吴国石室养马，给生病的吴王尝粪便，最后得以还乡。勾践归越后立志复仇。文种献破吴九计，其中一计就是"美人计"。范蠡举荐西施去迷惑吴王，亲自到苎萝村说服西施并送她入吴。西施入吴，吴王寻欢作乐。越王"十年生聚"，最后灭吴，吴王自杀。范蠡携西施泛湖而去。

《浣纱记》，原名《吴越春秋》，顾名思义，乃是写吴越之争的历史剧。但是，梁辰鱼写吴越兴衰，并没有正面描写历史上有名的"卧薪尝胆""十年生聚"（也就是以勾践为主角），而是以臣子范蠡、文种等为主要描写对象。他不仅描写了范蠡、文种"克期仗剑入吴宫"的雄心壮志，"誓造江山，万民欢会"的忧国忧民情怀，还塑造了一个一身能抵十万精兵的绝代佳人西施。以范蠡和西施的悲欢离合为主线来组织剧情，展现西施为了国家和民族的利益而割恩断爱、以色事仇的精神，这是前人作品中很少见到的。

那么，西施和范蠡是不是情人？他们有没有为复国而舍弃爱情？正统史书，比如《左传》《史记》《国语》《战国策》等没有只言片语的记载，野史《吴地记》则有个很不可靠的逸闻：范蠡送西施入吴，走走停停，经过三年，西施给范蠡生下一个胖儿子。在嘉兴有个亭子叫"语儿亭"，就是西施在亭子里教儿子说话而得名的。西施到了吴国，夫差对西施曾生育、哺乳毫无察觉。

这个说法太不合情理了，从会稽到姑苏不到两百公里，步行也用不了一个月，何至于走三年？而且，既然范蠡献西施是为迷惑吴王，自然要抓紧时间实现复国大计，怎会在路上磨磨蹭蹭地消磨时间？大政治家范蠡又怎会头脑发昏地染指西施这个"国之重器"？如果被吴王瞧出破绽怎么办？如果范蠡真的做了这样的事，越王勾践岂不早把他杀了？所以，"语儿亭"的传说只是街谈巷议，可以忽略不计。《浣纱记》就写道，范蠡送西施入吴时，范蠡为避嫌，对越王说他和西施"一路不好同行"，他先过江见吴王，西施和她的随从晚些日子再出发。

《浣纱记》是怎样描写西施和范蠡一见钟情的呢？范蠡是楚人，他有治国才能，被越王拜为上大夫。而西施是荒僻乡村的寒微之女，她"照面盆为镜"，照镜子是用盆里的水；"盘头水作油"，抹头油也是用盆里的水；"年年针线，为他人作嫁衣裳"，每年做针线，都是给其他女子做嫁衣。范蠡和西施在浣纱溪边相遇，他认为西施是"上界神仙，偶谪人世"，然后立即求婚，表示"少停旬月"就派媒人求亲，并借西施手中之纱做两人的定情信物，"持此为定，勿背深盟"。范蠡离开之后，西施一心一意地等他来迎娶，一等三年。她相信范蠡，他肯定不会另娶他人，但她还是"展转疑虑，日夕忧煎……彻夜心疼"。"西子捧心"的传说，被梁辰鱼变成西施因思念情人而心疼，既感人又合理。西施望穿秋水地盼望范蠡，没想到盼来的却是范蠡劝她入吴行"美人计"！西施表示：我不过是田姑村妇、裙布钗荆，哪适合到楚馆秦楼，珠歌翠舞？

当时我和您溪畔订盟,三年来想您想得心疼,请您还是"别访他求"吧!范蠡说:"社稷废兴,全赖此举。若能飘然一往,则国既可存,我身亦可保。后有会期,未可知也。若执而不行,则国将遂灭,我身亦旋亡。那时节虽结姻亲,小娘子,我和你必同做沟渠之鬼,又何暇求百年之欢乎?"西施虽然感叹她要异国飘零,"落在深深井",但她识大体,最终还是忍痛答应去吴国。从这一刻起,西施的美就和越国的命运紧紧联系到了一起。在范蠡看来,西施的作用"胜江东万马千兵"。

越国的"美女制造工程"

西施、范蠡决心为国舍爱,但是,能不能把山村少女直接送去吴宫呢?不能。因为仅仅丽质天成,还不能迷惑吴王。美女必须德、容、言、功俱全,弹、唱、歌、舞俱佳,越是文质彬彬、娴雅优美,越有"杀伤力"。越国君臣处心积虑地展开了"美女制造工程",把贫苦的山村少女变成高贵的公主。梁辰鱼采用了《越绝书》《吴越春秋》中越王为西施开创"美女系统训练课程"的传说,并进一步演绎为西施刻苦学习文化、学习宫廷礼仪、学习待人接物、学习歌舞,以及学习吴国方言,以便与吴王夫差交流。

据《吴越春秋》记载,担任西施和郑旦老师的是宫廷乐师,而《浣纱记》则改成越王妃亲自做西施的老师。越王妃先是给西施讲了一番"美人论":"美人,古称绝色。第一容貌,第二歌舞，第三是体态。若是容貌虽好，歌舞未谙，不足为奇；歌舞虽通，体态未善，不足为妙。""要歌有歌体、舞有舞态，须要态度优闲、行步袅娜，方能动人。"越王妃接着说，歌必须能"养人性情"，要唱得"音声嘹喨，腔调悠扬"，"切忌摇头合眼，歪口及撮唇"。西施一点就通，立即唱得"飞声流转，余韵飘扬"，音调宛转，余音绕梁，歌声"似珍珠盘内滚"。越王妃又说，舞蹈要"娉婷出群""盘旋轻迅""纵横俯仰"，要舞到"袅袅起芳尘，亭亭住彩云"。西施于是舞得"香馥馥风开绣裙，青簇簇花笼蝉鬟，软迷离似阳台一片云"。越王妃感叹西施不仅美丽，还聪慧过人，"奇姿崛起，逸态横陈，虽惊燕游龙，不过如此"。她的舞姿美极了、妙极了，像天上自由飞翔的鸟儿那样轻盈。

经过这样一番刻苦训练，梁辰鱼最后称赞西施道："歌罢阳春飞白雪，舞余凉月醉霓裳。"大家看看，越国的"美女制造过程"多像二十世纪最可爱的好莱坞明星奥黛丽·赫本出演的电影《窈窕淑女》！

《窈窕淑女》是曾经一举获得包括奥斯卡最佳影片在内八项大奖的经典电影，它改编自萧伯纳的戏剧《卖花女》，1964年由华纳兄弟影业出品。这是一部从头到尾充满了诙谐幽默，令人忍俊不禁的电影，讲述了出身下层的卖花女伊莉莎·杜利特尔短时间内被语言学专家希金斯教授改造成为优雅贵夫人的故事。卖花女伊莉莎·杜利特尔美丽非凡、聪明伶俐，但家境贫寒，没有文化。她蓬头垢面地穿着旧裙子，在街头叫卖鲜花，低俗的口音引起了语言学专家希金斯教授的注意，他对朋友皮克林夸口："你相不相信，只要经过我的训练，这个粗俗的街头卖花女就可以变成举止文雅的贵妇人？"皮克林和他打赌："如果教授几个月后能让伊莉莎以贵妇人的身份出席希腊大使的招待会，而不被人识破真相，那么我愿意承担一切费用！"希金斯教授接受了挑战，对伊莉莎严加训练，从最基本的字母发音开始教起，然后又教她贵族小姐怎样讲话，怎样与人相处，如何走路。到了打赌的期限，希金斯教授带着穿着晚礼服的"远房亲戚"伊莉莎和皮克林一同出席希腊大使的招待会。伊莉莎谈吐文雅，应对得体，风度翩翩，光彩照人，成为招待会上人人艳羡的时尚"皇后"，男士们纷纷打探："这是从哪儿来的这么漂亮的贵族少女？怎么跟她交朋友？"名流雅士一时间对伊莉莎趋之若鹜。伊莉莎还受到了女王与王子的青睐。经过希金斯教授的培训，几个月工夫，伊莉莎就脱胎换骨，从卖花女变成了贵妇人。当然，电影中必不可少的是她与"导师"及仰慕者的感情戏。希金斯教授的扮演者雷克斯·哈里森因此斩获奥斯卡最佳男主角奖。奥黛丽·赫本是我最喜欢的好莱坞明星。遗憾的是，这部电影是歌舞片，女主角的唱段是由别人配唱的，因此，奥黛丽·赫本没有获得奥斯卡最佳女主角奖。其实，我觉得她在这部电影中的表现，一点儿也不比《罗马假日》逊色。

我们不妨从《窈窕淑女》的情节和细节联想：两千多年前，本来满口越国土话、大字不识的乡野女子西施，是如何经过越国王妃等人的精心"培训"，由只会在溪头浣纱的村姑，摇身一变,成为识文断字、能歌善舞、文雅高贵的"越国公主"的?

不错,西施入吴的身份正是越国公主。

越王勾践使出这一招,够巧、够妙、够毒、够狠,也够聪明!

所有阴谋家都有一个特点:当为了利益需要放下身段时,他们可以放得很低很低,哪怕突破做人的底线。越王一见西施,就表示,他的复国计划完全靠西施帮助。他对西施说:"念千年家国如悬磬,全赖伊平定。若还枯树得重新,合国拜芳卿。"现在越国的命运十分危险,全靠您一个人挽救。如果您能让越国枯木逢春,全国百姓都得朝拜您。西施的"培训"完成后,勾践又用当年有莘氏美女迷惑殷纣王、协助周文王的故事劝导西施,说:"我打算把您认作我的小姑姑、前王的小妹妹,然后献给吴王夫差。您到吴国后,要诱惑吴王恋酒迷花,信用奸臣,远离贤臣,那样我们越国这些年的深仇大恨就能报了。"然后,越王说:"美人请上坐,待寡人拜恳。"他自己拜完了,又让越王妃及越国大臣排着队"拜恳"西施。

堂堂一国之主,为了报仇,竟不惜向村姑下跪,拜浣纱女为姑妈——比阴险的"大侄子"小得多的姑妈!

这样一来,西施就不再像《吴越春秋》所写的那样是没了父母的民间少女,而是前一代越王的小妹妹,这一代越王勾践的亲姑妈,尊贵的越国公主了。

这是多么深谋远虑的异想天开,多么巧妙睿智的指鹿为马!当然,这一切都是为了抬高西施的身份,表示越国对吴国的臣服之心，更是为了在心理战中深度忽悠、迷惑吴王。夫差果然中招，听说越国给他送来一位倾国倾城的"前王之妹"，他傻呵呵地大乐道："若是越王的姑妈，范大夫，你家主公就该叫我姑爹啦。"

夫差大概还在得意地琢磨：当年你勾践害死我爹，现在你姑妈来给我做小老婆，伺候我，还是我占的便宜大啊！夫差"美"令智昏，想不到一声"姑爹"叫出，阎王殿的大门就悄悄朝他敞开了。

范蠡送西施入吴时，曾把当年西施所赠的定情之纱各分一半，嘱咐西施"时常省视"，"朝欢暮乐之际，不忘故乡恩义之情"。西施担心"前途相见甚难"，范蠡又像算命先生一般说道："仰观天象，越方兴隆，吴将亡灭。勿用伤悲，不久就得团圆也。"

天真的西施被老练的范蠡忽悠得不轻。

什么"不久"？悠悠三年，西施在吴宫度日如年，越发"西子捧心"，经常心口疼了。

公元前的女"007"

"007"是好莱坞著名的英国特工形象，我们来看看中国第一美女西施是怎么成为公元前的女"007"的。

经过越王君臣的"美女制造工程"，西施被送到吴国。按照现代谍战剧的说法，西施是到吴国"潜伏"的。但是，西施的"潜伏"没有那么腥风血雨、钩心斗角、尔虞我诈，也绝对不会有那种紧张激烈、命悬一线的场面。西施从来不刺探军情，从来不传递情报，从来不干预朝政，也从来不争夺后位，她只是侍宴陪酒、轻歌曼舞、游湖采莲，只是刻意展示自己的美丽、才艺、优雅、娇痴，还有对大英雄吴王的"深情厚爱""崇拜顺从""眷恋依赖"。西施对夫差信誓旦旦："慢慢的花倾柳欹蜂蝶闹。少不得地久天长似鱼水交""惟愿取双双缱绻，长学鸳鸯"，又是地久天长，又是鱼水情深，又是鸳鸯一对，夫差听了，还不彻底被迷晕？

所以我说，西施的"潜伏"是：

别出心裁，令人防不胜防的深"潜伏"！

从不需要"唤醒"，却永远大睁双眼的巧"潜伏"！

把敌方首脑迷得找不到北，腐蚀入骨的妙"潜伏"！

越国君臣本就是明确借西施行"美人计"。西施入吴后，伍子胥也明明白白地用夏、商、周三代美女误国的典故向吴王进谏。可贵的是，梁辰鱼没有用"女色误国"的角度来叙述西施入吴后的故事，而是将她写成牺牲色相拯救国家的美好形象。《浣纱记》中西施的一系列唱词深情地写出了她丰富的情感世界，是描绘女性内心的典范。西施身处吴宫，追怀故国，思念父母，眷恋范蠡，怀念家乡浣纱的溪水。她的内心充满了对于国家和爱情的矛盾之情。她时刻铭记在心的是越国国耻，记着越国的君王曾被幽禁，越国的臣子曾当俘虏，越国的城池曾被吴王变成荒丘。她牢记自己的重任是执行特殊的复国大计。她把和吴王的"鸳帏"当作将军战胜劲敌的"虎帐"，把自己戴的吴宫"鸾冠"当作越国将士戴的"兜鍪"。她是以美女身份干杀敌灭国的大事业！我们听听这段优美的唱词："今投，异国仇雠。明知勉强也要亲承受。乍掩鸳帏，疑卧虎帐。但戴鸾冠，如罩兜鍪。溪纱在手，那人何处？空锁翠眉依旧。只为那三年故主亲出丑，落得两点春山不断愁。"西施身在吴宫，心向越国，"飞梦绕浣纱溪口"，"归心一似钱塘水"。这些唱词，把西施的复杂情怀写得真切感人，将西施的性格刻画得立体丰满。这就使得西施与"女色误国"的形象截然分开，成为一个崭新的、美的形象。

研究者们津津乐道俄罗斯名著《叶甫盖尼·奥涅金》中达吉雅娜写给奥涅金的信，认为这封信是世界文学中女性内心世界的经典告白。我们来看一小段："呵，我的心再没有别人能够拿走！这是上天的旨意，命中注定我将永远为你所有。我过去的一切，整个生命，都保证了必然和你相见。我知道，是上帝把你送来的，保护我直到坟墓的边沿……"别林斯基说普希金通过达吉雅娜第一个"诗意地再现了俄国的妇女"，陀思妥耶夫斯基把达吉雅娜称作"俄国妇女的圣像"。他们不知道，早于普希金二百多年的中国戏剧家梁辰鱼，已在《浣纱记》中诗意地塑造了一位中华美女，创造了堪称"华夏女性的圣像"的西施。西施的唱词，比起达吉雅娜写给奥涅金的信，内容更丰满、更有思想力度、更典雅深沉，以唱词形式出现的大段心理独白写绝了两千多年前"潜伏"在敌营心脏的绝代佳人。

西施的"潜伏"与越国君臣的复国同时紧锣密鼓地进行着。

吴王宫中，穿越时空隧道，响起千年后歌咏花蕊夫人的歌词："冰肌玉骨，自清凉无汗，水殿风来暗香满""但屈指西风几时来，又不道、流年暗中偷换"。西施让吴王准备"画船箫鼓"，优哉游哉地在湖上采莲。她以美丽的妃子、艳丽的妃子、美妙的妃子、爱玩的妃子，也就是"美妃、艳妃、妙妃、玩妃"的面目专宠吴宫，好像不问国政，实际则诱使吴王安于享乐，贻误国政。伍子胥对西施本能地抵制，对吴王建宫殿、伐齐国百般劝阻。夫差对伍子胥从厌恶到敌视，最终杀害；他倒行逆施，对太子苦口婆心的进谏也一概不听。伍子胥被赐死时的唱词总结得非常好："他、他、他今将正直诛，到与那奸邪近。镇日价淫声美色伴红裙，酒杯儿送入迷魂阵。那里管社稷危，那里管人民窘，那里管亲生儿别处分。"西施虽不问国政，甚至不曾生个儿子与太子友争位，吴国实际上却按部就班地朝着越王阴谋灭吴的方向发展。

越国那边，范蠡忙着把文种的破吴"九术"发扬光大。一条毒计是把两根天生神木装饰上黄金珍宝进贡给吴王让他起楼台，害得吴国财货耗尽，民怨沸腾。另一条毒计是对吴王说越国"年谷不熟"，用一百万两银子从吴国籴谷一百万石。按时价一百万石谷只需三十万两银子，大英雄吴王成为小奸商，他贪图另外百分之七十的谷价，于是卖给越国一百万石粮食。第二年，越国来了个非常恶毒的釜底抽薪，一百万石谷种全部蒸熟还给吴国，害得吴国"谷种不生"。吴国粮米尽，百姓没饭吃，士兵没有战斗力。吴王用佞臣，害忠臣，好大喜功。越国乘夫差伐齐，长驱直入，烧了姑苏台，杀了太子友。这时，西施出来"干政"了，好像是在给吴国帮忙。她对越兵说："我是越王的姑姑，吴王不在这里，你们退兵吧！"越国果然退兵。吴王匆匆与齐国、晋国结盟，当上名义上的霸主后，回到吴都，已经国破子亡，还对西施感激涕零，却不知吴国"内有太子之贤，外有伍员之勇"的优势此时已全部丧失。不久，越王围困吴都，夫差还昏头昏脑地对西施说："烦你传示你家勾践侄儿，只说看你这个做姑妈的面儿，饶了我这个老头儿吧。"越兵攻陷吴都，夫差带着西施出逃，什么都没了，还想着"单单剩得好夫妻，地黑天昏径路迷"，而西施想的却是"莫道吴宫擅恩泽，梦魂常在苎萝西"。三年同床异梦，一朝敌我分明！吴王逃入山中，指望西施再次帮他退围兵、迎他回宫，可转眼工夫，西施就对率兵到来的范蠡指点道："吴王遁逃阳山去了。"可怜的夫差，到死都不知道是他最心爱的美人将他送上黄泉路的。

西施灭吴后，越王勾践暂时被胜利冲昏头脑，还没顾得上卸磨杀驴，他感谢西施一番后，对范蠡说："昔日感君高谊，借我佳人。今幸得还乡，即宜归第。"意思是：你可以把西施领走了。范蠡何等聪明？他直接谢绝了。范蠡还拿不准越王的真正心思吗？如果越王实际上是想继承吴王的这份美丽遗产，他这时接受西施，岂不是把自己架在火上烤？而且朝臣和百姓会不会说闲话？接着，越王又以武王灭纣，将妲己赐给周公的"史实"劝范蠡接受"吴国夫人"，范蠡马上就坡下驴，接受了西施。他清醒地意识到"高鸟尽，良弓藏；狡兔死，走狗烹"，悄悄地告诉文种，越王这个人

"可与共患难，不可与共安乐"，三十六计，走为上计！

自从梅兰芳先生1923年在北京首演京剧《西施》，昆曲、越剧、楚剧、汉剧、川剧、蒲剧……一时间，各剧种的"西施"剧百花齐放。二十一世纪，"西施热"仍不减当年，《浣纱女的传说》等电视连续剧拍了好几部。可以说，西施是中国戏剧和影视剧的一座"富矿"。

还得说说浣纱女最后的"泛湖"。范蠡有了越王令他和西施当场团圆的令箭，大概是怕越王回过味来追杀，家都不回，就带着西施"急急如漏网之鱼"，跑了。后来，范蠡被越王塑金身、供庙堂。不再开口就永远是功臣，仍有话语权的文种则在不久后被越王赐剑而死。

范蠡与西施到了湖上，西施以她曾与吴王苟合，谦虚地说自己不配做他的夫人，"未可充君下陈"。范蠡用"前世姻缘"来说服她："我是天上金童，你是天上玉女，咱们双双被贬谪人间，就应该是夫妻。"范蠡一边安排西施父母离开越国，一边给西施好友东施和女医北威送去钱财。西施改称范大夫为"相公"，说："你既无仇不雪、无恩不报，但有一故人，尚未相酬，君何忘之也？"范蠡问还有什么故人，西施说就是那缕洁白的纱，然后道："妾朝夕爱护，佩在心胸，君试观之。"范蠡道："我的纱也在此。千丛万结乱如堆，曾系吴宫合卺杯。今日两归溪水上，方知一缕是良媒。"最后，二人唱着"唯愿普天下做夫妻都是咱共你"泛湖而去。

中国戏剧非常擅长使用小道具来展现男女主人公的悲欢离合。

《浣纱记》里,西施手中的纱被运用得恰到好处:西施与范蠡相识,将这缕纱作为定情信物;离别时,这缕纱做了守望标识;最后重聚时,这缕纱又成为团圆的见证,堪称主题道具、绝妙戏胆。

四百多年过去,西施手中的那缕白纱,仍在神州舞台四处飘拂,散发幽香。

· 第四章 ·

王昭君：塞外琵琶幽怨多

昭君出塞定型

中国古代"四大美女"中,王昭君得到历代大诗人的题咏非常多,若干著名小说家、戏剧家百写不厌,人们对王昭君的关注程度,既远远超过没有多少史料的西施,也远远超过有很多史料的杨贵妃,形成了一种独特的中国文化现象,我把它叫作"美女与国家命运全方位思索"现象。作家们做足了"昭君"功夫,由王昭君,既可以想到红颜薄命,也可以想到巾帼之志;既可以想到君恩薄似纸,也可以想到青冢照千秋……

我们先从最基本的史实入手,一步步走近王昭君。

关于"昭君出塞"的最早历史记载是《西京杂记·画工弃市》,它为后世作家创作与王昭君有关的作品提供了几个关键词:第一,王嫱和王昭君;第二,王昭君是汉宫最美的人;第三,王昭君不仅长得美,还有志气、有骨气、有修养、有大家风度;第四,汉元帝虽然后悔将王昭君赐给匈奴单于,但还是顾全大局,讲究信誉,实现了对单于的诺言;第五,王昭君这样美貌,为何没得到汉元帝的"临幸"?因为她不肯向宫廷画师毛延寿行贿而被画丑了。

《西京杂记·画工弃市》原文如下:

> 元帝后宫既多,不得常见,乃使画工图形,案图召幸之。诸宫人皆赂画工,多者十万,少者亦不减五万。独王嫱不肯,遂不得见。
>
> 匈奴入朝,求美人为阏氏。于是上案图,以昭君行。及去,召见,貌为后宫第一,善应对,举止闲雅。帝悔之,而名籍已定。帝重信于外国,故不复更人。乃穷案其事,画工皆弃市,籍其家,资皆巨万。
>
> 画工有杜陵毛延寿,为人形,丑好老少,必得其真;安陵陈敞,新丰刘白、龚宽,并工为牛马飞鸟,亦肖人形,好丑不逮延寿。下杜阳望亦善画,尤善布色。樊育亦善布色。同日弃市。京师画工,于是差稀。

短短一段记载,人物形象、个性、命运,以及人与人之间的关系,全部齐备。编戏剧、写小说,主角之间的矛盾冲突都是现成的,前因后果也是明确的。

西京,指西汉首都长安;杂记,是写西汉杂史,既有历史,也有遗闻逸事。宫女王嫱不肯贿赂画工而被远嫁匈奴、刘邦建新丰迎太公、邓通得蜀山以铸铜钱、卓文君私奔司马相如等人们喜闻乐道的故事,都出现在《西京杂记》这本书中,后来还成了典故。

《西京杂记》是什么书? 1985年,中华书局将它收入《古小说丛刊》。小说也能算历史,甚至信史吗? 在特定前提下能算。中国文人直到唐代才如鲁迅先生所说"有意为小说",此前所作"小说"多依傍历史。所以,《西京杂记》应该是简明扼要,像小说一样有趣好看的杂史。

《西京杂记》是什么时代的书? 谁写的? 新旧《唐书》都注明是东晋葛洪著。但葛洪却声明,他不是原创者,而是辑录西汉刘歆的作品。葛洪是东晋人,著有《神仙传》等。他给《西京杂记》写的跋主要讲了三个方面的内容。第一,《西京杂记》是西汉刘歆的作品,是他为撰写《汉书》所做的笔记,或者说是为撰写《汉书》而准备的"资料库",但是有些东西他还没来得及写就死了。葛洪的父亲存有刘歆未成稿的《汉书》一百卷,没有前后次序,没有分类。第二,经葛洪对照,班固撰写的《汉书》几乎都取自刘歆所写的半成品。第三,葛洪将班固撰写《汉书》时没有采用的刘歆"资料库"里的二万余字抄录出来,给它起名《西京杂记》,是为了补《汉书》之缺。综合这三点,可以看出,葛洪是把《西京杂记》和班固的《汉书》看作同类,认为它们都来源于刘歆的未定稿或"资料库",应该将其看作历史事实。

《〈西京杂记〉跋》原文如下:

洪家世有刘子骏《汉书》一百卷,无首尾题目,但

> 以甲乙丙丁纪其卷数,先公传之。歆欲撰《汉书》,编录汉事,未得缔构而亡,故书无宗本,止杂记而已,失前后之次,无事类之辨。后好事者以意次第之,始甲终癸为十帙,帙十卷,合为百卷。洪家具有其书,试以此记考校班固所作,殆是全取刘氏,小有异同耳。并固所不取,不过二万许言。今抄出为二卷,名曰《西京杂记》,以裨《汉书》之阙。

《西京杂记》的作者是西汉人刘歆,《画工弃市》是对王昭君最早的历史记载。西汉首都长安,东汉首都洛阳,后曹操"奉天子令"迁许昌。《西京杂记》,顾名思义,是关于西汉首都西京的一些杂记。刘歆不可能预知还有西汉、东汉之分,这是东晋葛洪给书起的名字。

刘歆和他父亲刘向都是中华学术史上的巨人,也是惠及后世作家的大恩人。

刘歆,字子骏,汉哀帝刘欣时改名为刘秀,是汉高祖刘邦的四弟楚元王刘交之后,名儒刘向之子。章太炎认为古往今来的学术,孔子第一,刘歆第二:"孔子死,名实足以侔者,汉之刘歆。"顾颉刚则称刘歆为"学术界的大伟人"。刘歆的父亲刘向在朝廷地位崇高,汉元帝时任宗正,九卿之一,掌握皇族名籍簿;汉成帝时任中垒校尉,统领校书工作。刘向的著作《说苑》《新序》《列女传》对后世有广泛影响,有些语言现在仍被使用,比如,"耳闻之不如目见之"(《说苑·政理》)。刘向死后,刘歆继任中垒校尉,成为著名学者。

《西京杂记》是刘歆继承其父刘向《新序》等书的传统而撰写的笔记体杂史。刘向父子掌握皇族名籍、撰写校核史书,深知汉元帝宫中秘事。王昭君出塞时,刘歆已十八岁。王昭君为画师所误,未在汉元帝驾前得宠。汉元帝追根究底,从宫廷画师家里抄出大量钱财,擅长画人物的毛延寿连累了擅长画花鸟虫鱼的龚宽等人,同日被杀。这个轰动朝野的大事件,刘歆是亲耳听到乃至亲眼见到的,不是小说家的虚构。

汉元帝按图召幸后宫女子。王昭君既然是后宫第一美女,如果不是把她画丑了,岂会被汉元帝忽略?毛延寿肯定是把王昭君给画丑了,但如何画"丑"呢?刘歆没有交代。这就给后世小说家、戏剧家留下了想象空间,比如,有的小说家就想象毛延寿在王昭君的脸上"点痣"等。

《西京杂记·画工弃市》应该是关于"昭君出塞"最早的历史记载,它所提供的简短信息,是后世文人的大幸,后世文人也因此做了大量的文章。

《汉书》《后汉书》记载"昭君出塞"

刘歆的《西京杂记》给"昭君出塞"定了型。正史对"昭君出塞"的记载,都晚于《西京杂记》。

《汉书》，又称《前汉书》，东汉历史学家班固编撰，记录了上起汉高祖元年（前206），下至新朝王莽地皇四年（23），共二百三十年的历史，完成于东汉建初年间，即公元76年之后，与"昭君出塞"的汉元帝竟宁元年（前33）相距百余年。

《后汉书》，南朝宋时历史学家范晔编撰，是记载东汉历史的纪传体史书，记录了上起王莽新朝灭亡（23），下至汉献帝建安二十五年（220），共一百九十五年的历史，约写于公元432年至公元445年，与汉元帝竟宁元年相距四百七十多年。

《汉书·元帝纪》对"昭君出塞"的记载说明：第一，汉元帝下令将待诏掖庭的宫女王嫱赐给匈奴呼韩邪单于为阏氏，也就是做匈奴王的正妻；第二，汉元帝是因为呼韩邪单于不忘恩德而给他赐婚的。什么恩德呢？汉朝大军消灭了呼韩邪单于的死敌郅支单于；第三，因为胡、汉联姻，边境安宁，汉元帝将年号改为"竟宁"，意思是"从此边境安宁"。这段原文如下：

> 竟宁元年春正月，匈奴呼韩邪单于来朝。诏曰："匈奴郅支单于背叛礼义，既伏其辜，呼韩邪单于不忘恩德，乡慕礼义，复修朝贺之礼，愿保塞传之无穷，边陲长无兵革之事。其改元为竟宁，赐单于待诏掖庭王嫱为阏氏。"

《汉书·匈奴传》对"昭君出塞"的记载说明：第一，王昭君是后宫良家子，名叫王嫱，字昭君；第二，与汉朝联姻是匈奴单于提出来的，背景是呼韩邪单于的死敌郅支单于被汉朝的将军消灭了；第三，呼韩邪单于这次到汉朝宫廷所受到的礼遇和赏赐双倍于他过去（黄龙年间）的待遇，他愿做汉皇女婿；第四，接受王昭君的呼韩邪单于大喜过望，建议汉朝撤销塞北边防，由他保护汉朝塞北边境。这段原文如下：

> 郅支既诛，呼韩邪单于且喜且惧，上书言曰："常愿谒见天子，诚以郅支在西方，恐其与乌孙俱来击臣，以故未得至汉。今郅支已伏诛，愿入朝见。"竟宁元年，单于复入朝，礼赐如初，加衣服锦帛絮，皆倍于黄龙时。单于自言愿婿汉氏以自亲。元帝以后宫良家子王嫱字昭君赐单于。单于欢喜，上书愿保塞上谷以西至敦煌，传之无穷，请罢边备塞吏卒，以休天子人民。

《汉书·匈奴传》还记载，汉元帝一度考虑接受呼韩邪单于的建议，撤除北部边防，而对边境事务有深刻了解的郎中侯应振振有词地向汉元帝陈述十条理由，劝汉元帝不可放弃北门锁钥。汉元帝于是发"勿议罢边塞事"诏书，派车骑将军口谕呼韩邪单于："你想让汉廷罢北边吏士屯戍，由你担任汉朝戍边将领，这是你向往礼义，为黎民百姓考虑周到，我很欣赏。但是，中原四方边界很长，我在塞北设防，并不是要防御你们进来，而是怕塞内的不良分子跑出去跟你们捣乱。"为人忠厚的呼韩邪单于，对这番诡辩之词信以为真，还感谢汉元帝："愚不知大计，天子幸使大臣告语，甚厚！"马背上的壮士，心里哪有那么多弯弯绕！

《汉书·匈奴传》对王昭君出塞后的命运也做了一些记载：第一，王昭君的封号为"宁胡阏氏"，意思是给匈奴带来安宁的妻子；第二，呼韩邪单于去世后，王昭君对匈奴国事没有发言权，掌控局面的是呼韩邪原来的妻子颛渠阏氏和大阏氏。她们是姐妹，姐姐的儿子小，妹妹的儿子大。姐姐顾全大局，立妹妹的儿子为单于，即复株累若鞮单于；第三，颛渠阏氏和大阏氏约定：大阏氏之子雕陶莫皋继位，将来传位给弟弟；第四，复株累若鞮单于按照匈奴习俗，又娶王昭君为妻，生了两个女儿，这两个女儿对后来的匈奴史举足轻重。王莽新朝时，王昭君的女儿"云"和"当"通过她们的夫婿，控制了匈奴的政治倾向，扶植与汉亲善的大阏氏幼子"咸"做了单于。这段原文如下：

> 王昭君号宁胡阏氏，生一男伊屠智牙师，为右日逐王。呼韩邪立二十八年，建始二年死。始，呼韩邪嬖左伊秩訾兄呼衍王女二人。长女颛渠阏氏，生二子，长曰且莫车，次曰囊知牙斯。少女为大阏氏，生四子，长曰雕陶莫皋，次曰且麋胥，皆长于且莫车，少子咸、乐二人，皆小于囊知牙斯。……颛渠阏氏贵，且莫车爱。呼韩邪病且死，欲立且莫车，其母颛渠阏氏曰："匈奴乱十余年，不绝如发，赖蒙汉力，故得复安。今平定未久，人

民创艾战斗,且莫车年少,百姓未附,恐复危国。我与大阏氏一家共子,不如立雕陶莫皋。"大阏氏曰:"且莫车虽少,大臣共持国事,今舍贵立贱,后世必乱。"单于卒从颛渠阏氏计,立雕陶莫皋,约令传国与弟。呼韩邪死,雕陶莫皋立,为复株累若鞮单于。

复株累若鞮单于立,遣子右致卢儿王醢谐屠奴侯入侍,以且糜胥为左贤王,且莫车为右谷蠡王,囊知牙斯为右贤王。复株累单于复妻王昭君,生二女,长女云为须卜居次,小女为当于居次。

《后汉书·南匈奴列传》的记载采取倒叙法,说明了几个问题:第一,王昭君入汉宫后得不到汉元帝临幸,心有怨恨,便主动要求嫁给匈奴单于;第二,汉元帝原本不知道王昭君美,当她刻意装扮,以照亮后宫的姿态出现在汉元帝面前时,汉元帝后悔了,却不能不把她嫁给单于;第三,呼韩邪单于死后,王昭君曾给汉成帝上书要求返回中原,汉成帝却让她依照胡俗行事,于是她又嫁给了新单于;第四,王昭君之子在匈奴皇室的权力斗争中被杀,这应是王昭君死后若干年的事。呼韩邪死后,单于位置是哥哥传弟弟,弟弟再传下一位弟弟。等到王昭君的儿子伊屠知牙师的那个残忍的哥哥当单于时,他想改变继承方法,变"兄终弟及"为"父终子及",就杀害了原本"兄终弟及"的第一顺位继承人、昭君之子伊屠知牙师。这实际上阻止了汉朝对匈奴不流血的"血统"

政变。倘若王昭君之子继位，匈奴单于岂不是有了二分之一的汉家血统？当然，历史不能假设。我们看看这段原文：

> 初，单于弟右谷蠡王伊屠知牙师以次当（为）左贤王。左贤王即是单于储副。单于欲传其子，遂杀知牙师。知牙师者，王昭君之子也。昭君字嫱，南郡人也。初，元帝时，以良家子选入掖庭。时，呼韩邪来朝，帝敕以宫女五人赐之。昭君入宫数岁，不得见御，积悲怨，乃请掖庭令求行。呼韩邪临辞大会，帝召五女以示之。昭君丰容靓饰，光明汉宫，顾景裴回，竦动左右。帝见大惊，意欲留之，而难于失信，遂与匈奴。生二子①。及呼韩邪死，其前阏氏子代立，欲妻之，昭君上书求归，成帝敕令从胡俗，遂复为后单于阏氏焉。

至于王昭君被改为"王明君"，是晋朝为避司马昭的名讳而改的。此后历代诗人还"明君""明妃"地称呼王昭君，实在有点滑稽。

周旋于汉帝与单于之间

在皇权决定一切的时代，后宫女子的命运必然与皇帝紧紧地

---

① 据查，王昭君与呼韩邪单于应只有一子，名伊屠知牙师。——编者注

联系在一起。王昭君的命运不仅与汉朝皇帝紧紧地联系在一起，还与匈奴单于、匈奴的社会制度紧紧地联系在一起。

王昭君一生经历了三位西汉皇帝：汉元帝刘奭（前74—前33），黄龙元年（前48）即位，竟宁元年（前33）去世；汉成帝刘骜（前51—前7），竟宁元年（前33）五月即位，绥和二年（前7）去世；汉哀帝刘欣（前25—前1），绥和二年（前7）即位，元寿二年（前1）去世。

三位汉朝皇帝对王昭君的命运有什么影响？

汉元帝在竟宁元年派王昭君出塞，三个月后，汉元帝去世。王昭君与汉元帝有没有感情交流？汉元帝除派王昭君出塞外，对她有没有其他恩惠？王昭君离开汉宫，到达匈奴后，有没有给汉元帝写过奏章或书信？有一封《昭君入胡报帝书》（亦作《报汉元帝书》）被人们津津乐道，在这封信里，王昭君得体地表示：我幸运地进入汉宫，本以为在天子身边可以活得辉煌、死有荣耀，却没想到吃了画师的亏，被发配到异国他乡。我一心报主，不敢埋怨。但是堂堂汉朝，怎么能听凭画师小人做主？远望南方故乡，越想越气！我还有父亲和兄弟，只希望皇上能够稍微怜惜一下吧！原文如下：

> 臣妾幸得备员禁脔，谓身依日月，死有余芳。而失意丹青，远窜异域。诚得捐躯报主，何敢自怜。独惜国家黜陟，移于贱工。南望汉关，徒增怆结耳。有父有弟，

惟陛下幸少怜之。

研究者们对《报汉元帝书》素有争论，认为是伪书的有很多理由，其中最重要的一个理由是：这封信太像《西京杂记》的"模仿秀"。而肯定《报汉元帝书》者，则从哪方面看都像是王昭君写的：一是汉元帝确实把毛延寿杀了；二是汉元帝接到信后，确实将王昭君的父兄接到了京城，王家平步青云。这确实是历史事实。王昭君的侄子王歙封和亲侯、王飒封展德侯，他们都曾出使匈奴，这是《汉书·匈奴传》白纸黑字的记载。

汉元帝送走王昭君，三个月后驾崩。汉元帝死后，他与皇后王政君所生的儿子即位。这位以骏马命名的汉成帝（刘骜）却因荒淫无度、宠幸赵飞燕姐妹而在历史上"成名"。两年后，呼韩邪单于去世。按照匈奴风俗，单于死，他的遗孀得嫁继位者。王昭君便给汉成帝上书，请求返回中原，可汉成帝却让她"从胡俗"。王昭君不得已，又嫁给了继位的单于。

汉成帝对王昭君的要求，就是叫她永远扎根草原，一切按照草原规矩办事，不管心里多么别扭、有多大委屈，都不能伤害汉朝与匈奴的亲善关系。中国封建传统观念，"嫁出去的女儿，泼出去的水"，王昭君这盆水已被远远泼到长城之外，想让汉朝皇帝收回去？白日做梦。何况，相比于汉朝的长治久安，一个汉族女子要坚守"从一而终"的观念，算什么呢？颟顸一辈子的汉成帝处理起这事倒是一点儿也不糊涂。

汉成帝当了二十几年的风流皇帝,没留下后代就死了。他的侄子刘欣即位,是为汉哀帝。王昭君去世时,汉哀帝派人参加了她的葬礼。

王昭君是哪一年去世的?历史没有确切记载,汉哀帝刘欣在位时间是公元前7年至公元前1年。王昭君应是在这几年中的某一年去世的。

按照公元计,王昭君是活在公元前的美人。王昭君在匈奴生活了三十年,大约活到了五十岁。

王昭君在世时,匈奴单于走马灯一样地更换:王昭君嫁的呼韩邪单于在位二十七年;雕陶莫皋继位为复株累若鞮单于,在位十年;且麋胥继位为搜谐若鞮单于,在位八年;且莫车继位为车牙若鞮单于,在位四年;囊知牙斯继位为乌珠留若鞮单于,在位二十一年。

王昭君与呼韩邪单于共同生活了两年,有一个儿子;与复株累若鞮单于共同生活十年,有两个女儿。呼韩邪单于传位给复株累若鞮单于,是"父终子及"。复株累若鞮单于之后的单于都是"兄终弟及"。也就是说,除了乌珠留若鞮单于,其他单于都是呼韩邪单于的儿子,也就是王昭君这个庶母名义上的儿子。乌珠留若鞮单于在建国[①]五年去世时已到了公元13年,此时王昭君已经去世。掌握匈奴大权的大臣右骨都侯须卜当是王昭君之女须卜居次云的

---

① 建国:一作"始建国",是新朝开国皇帝王莽的第一个年号。——编者注

丈夫。王昭君的小女儿当于居次，嫁的也是有权有势的匈奴贵族。他们都主张与汉朝和亲。在乌珠留若鞮单于去世后，王昭君的这两个女婿拥立与王莽关系良好的"咸"为乌累若鞮单于。咸仍是呼韩邪单于的儿子。按照排位次序，其实还轮不到他做单于，是王昭君的女婿利用权势越过次序（"越舆"）让咸做上单于的，原因是咸与汉朝亲善。天凤元年（14），王莽派和亲侯王歙、展德侯王飒出使匈奴，祝贺乌累若鞮单于初立。新单于对汉使信誓旦旦：对汉朝廷"不敢有二心"。

王歙和王飒都是王昭君的至亲。对掌握匈奴大权的王昭君的女婿右骨都侯须卜当来说，王歙和王飒出使匈奴，不仅是汉朝使节来访，更是尊贵的亲戚上门，新单于必须和汉朝来的"姥姥"门上的亲属一醉方休！

所以，大家看，这是多么有利于民族团结的裙带关系啊！

这时离"昭君出塞"，已整整四十七年。

"昭君出塞"带来了近半个世纪的边境安宁。这可真是：红粉一人抵得上万里长城、百万雄兵。

所以，王昭君得到历代文人的反复吟咏绝不是偶然。中国古代"四大美女"中，西施、貂蝉、杨贵妃都和政权倾覆有关，多少带点"破坏性"，而王昭君完全是"正能量"，具有"建设性"，功在千秋。

二十世纪八十年代初，长江文艺出版社曾经出版过一部《历代歌咏王昭君诗词选注》，选录二百一十六首诗词，存目五百五十余首。中国历代题咏王昭君的诗词将近八百首,王昭君成了历代大诗人奇思妙句的"比武场"。我们如果从中选择"最佳神句",那么,以富有哲理性词藻写人世沧桑的杜甫能不能夺魁呢?"诗圣"在《咏怀古迹五首·其三》中想象:"一去紫台连朔漠,独留青冢向黄昏。"王昭君离开紫微星象征的汉宫,来到一望无际的沙漠,从此走出花样人生,走向永恒。

塞外琵琶幽怨多

古代美女中最受文人关注的是王昭君,关于她最有名的一句话是"塞外琵琶幽怨多"。

历代诗人都兴致盎然地咏叹"昭君出塞",他们纷纷猜测:

王昭君是主动出塞,还是被皇帝指派?

出塞的王昭君是满腹哀怨,还是心甘情愿?

王昭君经历过不习惯、内心挣扎,甚至刻骨铭心的伤痛吗?

比如说,一个南国姑娘,一下子来到塞北,没有可以当作镜子照的清清"香溪",只有满目黄沙或望不到边的草原;没有大米可吃,只有吃不惯的牛羊肉和胡饼,还有连听都没听说过的马奶子。

比如说,她本想到塞外享受爱情、享受自由,哪知道只过了两年,呼韩邪单于就去世了,举目无亲,怀中只有呱呱而啼的婴儿。

比如说,她做梦也想不到,老单于一死,还得嫁给他的儿子。

按照中原习俗，这岂不是乱伦？岂不是大逆不道？一个讲究"德容言功"，恪守"三从四德"，打算"从一而终"的汉族女性，怎能接受这样残酷的命运捉弄？

……

这些问题，王昭君是怎么想的呢？只有躺在青冢的她自己才知道了。

但是历代诗人，比如，彪炳文学史的李白、杜甫、白居易、苏轼、王安石、欧阳修等，却越俎代庖，替王昭君想来想去，琢磨得花样百出，而且这些大诗人之间还经常互相矛盾，甚至势如水火。

唐代诗人戎昱的《和蕃》①对和亲提出批评，认为江山社稷应该由帝王负责，怎么可以把安危寄托到女人身上？他这样写道："汉家青史上，计拙是和亲。社稷依明主，安危托妇人。"

和亲是汉朝国策之一，汉高祖时就有。汉高祖被冒顿单于打败，只能采取和亲政策。刘敬建议刘邦将长女鲁元公主嫁给单于，吕后不肯，刘邦便派宗室女以公主身份出嫁。汉武帝时，以江都王刘建之女刘细君为公主嫁乌孙国王。乌孙在现在的新疆维吾尔自治区境内。因乌孙国王昆莫年老且语言不通，刘细君很苦恼。乌孙国王昆莫死后，他的孙子继位，按照胡俗他要娶刘细君。刘细君不肯，上书汉朝皇帝。汉朝皇帝叫她遵照胡人风俗，她只好从

---

① 《和蕃》：一作《咏史》。——编者注

命。刘细君作的《悲秋歌》可以说开了蔡文姬《胡笳十八拍》的先河:"吾家嫁我兮天一方,远托异国兮乌孙王。穹庐为室兮旃为墙,以肉为食兮酪为浆。居常土思兮心内伤,愿为黄鹄兮归故乡。"汉朝公主恨不能插上翅膀飞回中原,好可怜!

诗人们想当然地认为,王昭君和刘细君具有同样思维。王昭君刚出塞,汉代民间诗人就替她"怨"上了。据《唐书·乐志》记载,乐府"相和歌辞"有《昭君叹》《昭君怨》等,"汉人怜其远嫁,为作此歌。晋石崇妓绿珠善舞,以此曲教之,而自制新歌"。

第一个写"昭君怨"的文人,据说是东汉大文学家蔡邕。

蔡邕,字伯喈,河南开封人,著名文学家、书法家、音乐家。他更为民众所知的身份,一个是蔡文姬的父亲,一个是停妻再娶的"蔡中郎"。蔡邕是蔡文姬的爹一点儿不假,可做了宰相女婿也不忘糟糠之妻的"蔡中郎"却并不是他本人,而是一个南戏"明星"。陆游《小舟游近村舍舟步归》写道:"斜阳古道赵家庄,负鼓盲翁正作场。死后是非谁管得,满村听说蔡中郎。"中郎,本是蔡邕的官职,高明却在《琵琶记》里把蔡中郎塑造成一个"全忠全孝"的男主角,这就不是历史人物了,而是南戏的"明星"。

蔡邕精通音律,他的焦尾琴是中国古代四大名琴之一。他喜欢收集、撰写歌词。《琴操》是古代解说琴曲标题的著作,现存介绍早期琴曲作品最为丰富而详尽的专著。唐人李善注《文选》时注明《琴操》为蔡邕所写。附在王昭君名下的缠绵悱恻的琴曲叫

《怨旷思惟歌》：

> 秋木萋萋，其叶萎黄。有鸟处山，集于苞桑。养育羽毛，形容生光。既得生云，上游曲房。离宫绝旷，身体摧藏。志念抑沉，不得颉颃。虽得委食，心有徊徨。我独伊何，来往变常。翩翩之燕，远集西羌。高山峨峨，河水泱泱。父兮母兮，道里悠长。呜呼哀哉，忧心恻伤！

《怨旷思惟歌》相当感人，可惜《琴操》的相关"纪事"太过离谱：第一，说王昭君是齐国王穰之女，其实王昭君的家乡湖北江陵（南郡）离齐国远得多；第二，说单于遣使者来汉朝求美女，历史事实则是来汉朝求婚的是单于本人；第三，说王昭君的丈夫死后，要娶她的是她的亲生儿子，名叫"世达"，历史事实则是王昭君的丈夫死时，儿子还在襁褓中，他也不叫"世达"；第四，说王昭君"抗婚"吞药自杀，历史事实则是王昭君不但没有自杀，还嫁给新单于，生了两个女儿。这段原文如下：

> 王昭君者，齐国王穰之女也。颜色皎洁，闻于国中。献于孝元帝，讫不幸纳。积五六年，昭君心有怨旷，伪不饰其形容。元帝每历后宫，疏略不过其处。后单于遣使朝贺，元帝陈设倡乐，乃令后宫妆出。昭君怨恚日久，乃便修饰，善妆盛服，光辉而出，俱列坐。元帝谓使者

曰："单于何所愿乐？"对曰："珍奇怪物，皆悉自备。唯妇人丑陋，不如中国。"乃令后宫欲至单于者起。昭君喟然越席而前曰："妾幸得备后宫，粗丑卑陋，不合陛下之心，诚愿得行。"帝大惊，悔之，不得复止。良久，太息曰："朕已误矣！"遂以与之。昭君至匈奴……心思不乐，心念乡土，乃作《怨旷思惟歌》……昭君有子曰世达，单于死，子世达继立。凡为胡者，父死妻母。昭君问世达曰："汝为汉也，为胡也？"世达曰："欲为胡耳。"昭君乃吞药自杀。

这么一段错讹层出的文字真是出于学识渊博的蔡邕吗？有一种解释是：《琴操》本是蔡邕所撰，原书已散佚，经后人辑录成书。书中介绍琴曲的幕后故事带有浓厚的民间传奇色彩。《乐府解题》即说："《琴操》纪事好与本传相违。"这样看来，问题主要出在"后人辑录"上。这又有两种可能：一种是后人辑录时混入伪作，《怨旷思惟歌》不是王昭君所作，纪事文章也不是蔡邕所写；另一种是《怨旷思惟歌》为王昭君所作，纪事文章不是蔡邕所写，而是一个历史知识极差的人写的。

也有学者认为，《怨旷思惟歌》是蔡邕代王昭君所写的。巧合的是，蔡邕的娇女蔡文姬倒有《怨旷思惟歌》所倾诉的感受和苦楚。蔡邕于公元192年去世，他的女儿蔡文姬在公元195年被匈奴左贤王掳走。十二年后，曹操才用金璧将蔡文姬赎回来。蔡文姬的《悲愤诗》和《胡笳十八拍》字字血泪，荡气回肠，与《怨旷思惟歌》如出一辙。

东汉之后，王昭君"塞外琵琶幽怨多"，为历代诗人一唱再唱。

晋代石崇的《王明君辞·小序》说明"塞外琵琶幽怨多"非自王昭君始，而是沿袭传统："王明君者，本是王昭君，以触文帝讳，故改之。匈奴盛，靠婚于汉，元帝以后宫良家子明君配焉。昔公主嫁乌孙，令琵琶马上作乐，以慰其道路之思，其送明君，亦必尔也。其造新曲，多哀怨之声，故叙之于纸云尔。"

名家巨匠咏昭君

历代著名诗人写了不少关于王昭君的诗，一人一个看法，可以说诗坛高手多歧义。

石崇的《王明君辞》开创了"大汉至上"论："延我于穹庐，加我阏氏名。殊类非所安，虽贵非所荣。""昔为匣中玉，今为粪上英。"石崇认为，王昭君如果留在汉宫多好，即便像玉装匣里无人睬，也比出塞做异族后妃强；在汉宫待诏是宝玉，到匈奴做阏氏则是耻辱，是鲜花插在牛粪上！

"大汉至上"论者认为，王昭君理应留在汉宫等待汉帝宠幸，不应归"虏"化"胡"。留汉宫，是优雅，是高贵，是幸福；去匈奴，是荒凉，是野蛮，是悲哀。有不少诗人同意石崇的观点。"诗仙"李白似乎走得更远，他甚至认为美人到塞外会变丑："燕支长寒雪作花，蛾眉憔悴没胡沙。生乏黄金枉图画，死留青冢使人嗟。"（《王昭君二首·其一》）李白认为严寒、飘雪、胡沙损伤了王昭君的美貌，多么可惜！

白居易《昭君怨》："明妃风貌最娉婷，合在椒房应四星。"四星，当时人指后妃星象。白居易认为，王昭君即使做不上汉朝皇后，也应该做个妃子。遗憾的是，她"待诏掖庭"，未受皇帝宠幸。更遗憾的是，汉元帝明知王昭君被画师所误，为什么还让她远嫁匈奴？关键是皇帝，并不是画师。"自是君恩薄如纸，不须一向恨丹青。"不是说不要埋怨画师吗？白居易的《青冢》却絮絮地写王昭君为画师所误："妇人无他才，荣枯系妍否。何乃明妃命，独悬画工手？"女人的荣辱维系在漂亮与否上，哪知明明长得漂亮，却被画工所误。如果不是画工捣乱，王昭君留在汉宫该有多好。

白居易的《相和歌辞·王昭君二首》构思巧妙，被点评最多："满面胡沙满鬓风，眉销残黛脸销红。愁苦辛勤憔悴尽，如今却似画图中。汉使却回凭寄语，黄金何日赎蛾眉？君王若问妾颜色，莫道不如宫里时。"意思是：经历胡地风沙和内心愁苦的折磨，王昭君不再美貌，青黛似的眉毛和桃花般的面容都消失殆尽，已经变成毛延寿故意丑化她的样子了。但是，她仍盼望汉帝能够赎她回去，她告诉使者，千万不要跟皇帝说她不如过去那么貌美。白居易真诚地替古人担忧，王昭君怎么没从匈奴跑回来找汉帝？难道汉帝不能用黄金把她赎回来吗？

其实，白居易这些奇思妙想的诗句，不过是把李白"蛾眉憔悴没胡沙"的妙句揉碎、具象化,再给王昭君加上盼回中原,欲忽悠汉帝以获恩宠的小心思,仅此而已。为了强调王昭君必须回中原,白居易还想象王昭君在匈奴过得很苦,很辛劳。我不认为贵为匈奴阏氏的王昭君,还得俯下身子劳作。单于会派她放马还是放羊,挤奶还是割草,扎帐篷还是搭羊圈?真是荒唐到可笑!须知王昭君到匈奴并非被掳做奴隶,而是做匈奴王的正妻,根本不需要用黄金赎回,她本人也从未如此要求。她自然会奴仆成群,一呼百诺,不需要去劳作。白居易的深情担忧,全然与历史事实不符。

同样持"大汉至上"论的瞿佑在《归田诗话》中对白居易的诗大加赞扬,他认为王昭君想回汉宫,是忠于汉室,值得肯定:"诗人咏昭君者多矣,大篇短章,率叙其离愁别恨而已。惟乐天云:'汉使却回凭寄语……'不言怨恨,而惓惓旧主,高过人远甚。其与'汉恩自浅胡恩深,人生乐在相知心'者,异矣。"

瞿佑吹捧白居易的立足点仍然是:美好的东西不能被"外房",到外族的美人应该一直惦记着回中原,做梦也得回中原!

瞿佑不以为然的"汉恩自浅"二句是另一位大诗人王安石写的。王安石《明妃曲二首》影响很大。瞿佑认为,白居易的诗表达了对汉室的忠诚,王安石的诗则缺少这份忠诚。

王安石两度出任宰相,领导了著名的"熙宁变法",是杰出的政治家,他考虑问题与一般诗人不同。《明妃曲二首》具有大政治家的眼光和胸襟,与寻常诗作迥异,主要表现在三个方面。第一,王安石认为,美人的风姿只有亲自看到,才能体味,不可能被画出来,"意态由来画不成,当年枉杀毛延寿"(《明妃曲二首·其一》)。第二,王安石认为,王昭君这叫求仁得仁,没有什么可怨恨的;汉帝对王昭君缺少恩惠,单于对王昭君恩义深厚;人生在世,最珍贵的是两心相知,王昭君应该安心待在匈奴,不必怀念汉宫,"汉恩自浅胡恩深,人生乐在相知心"(《明妃曲二首·其二》)。第三,王安石认为,王昭君出塞有价值,"可怜青冢已芜没,尚有哀弦留至今"。王昭君的坟墓已被芳草湮没,她的琵琶曲却流传下来,言外之意:昭君精神永存。

王安石还认为,王昭君出塞,远离汉宫,未必是坏事。像汉武帝的皇后阿娇,尽管与皇帝近在咫尺,却失去宠爱。王昭君虽然远嫁匈奴,却得到了单于的宠爱。一个人得意还是失意,不分在中原还是在塞北。"君不见,咫尺长门闭阿娇,人生失意无南北。"(《明妃曲二首·其一》)

陈阿娇,汉武帝的第一位皇后,武帝姑母刘嫖之女。汉武帝被立为太子,多亏姑母鼎力相助。汉武帝小时候,姑母指着阿娇问刘彻:"阿娇好不好?"刘彻回答:"若得阿娇作妇,当作金屋贮之。"这就是"金屋藏娇"的典故。陈阿娇先做太子妃,后封皇后,专宠十余年,失宠后被幽闭长门宫,她花了重金请司马相如帮她写《长门赋》复宠。

欧阳修的《和王介甫明妃曲二首》继承了白居易的传统,做"美貌销蚀"文章,所谓"风沙无情貌如玉……玉颜流落死天涯"(《和王介甫明妃曲二首·其一》)。他温柔敦厚地感叹道:"明妃去时泪,洒向枝上花。狂风日暮起,飘泊落谁家?红颜胜人多薄命,莫怨东风当自嗟。"(《和王介甫明妃曲二首·其二》)王昭君红颜薄命,像狂风落花,只能感叹命运不好,不能怨"东风"(皇恩)。后来,"莫怨东风当自嗟"一句就被曹雪芹巧妙地"移植"成了关于林黛玉命运的隐喻。

大政治家司马光的《和王介甫明妃曲》则从王昭君的不幸遭遇,联想到汉帝轻信坏人,使得忠诚者得不到应有的重用,乃至受到陷害。他想象王昭君的琵琶声将来像乐府一样传入中土,就能提醒皇帝不要相信坏人。眼前的美丑本来容易辨别,但因为信任坏人,即使掖庭近在咫尺,皇帝也会被人蒙骗。难道大家没有看到,汉宣帝时的太子太傅萧望之辅佐幼帝汉元帝时,被宦官陷害,被迫服药自杀?如此忠贞者被谗害而死,皇帝居然一点儿没有怀疑。"妾身生死知不归,妾意终期寤人主。目前美丑良易知,咫尺掖庭犹可欺。君不见白头萧太傅,被谗仰药更无疑。"司马光咏王昭君,已经是政治家触类旁通的另类思考了。

王安石、欧阳修,"唐宋八大家"之二;司马光,一位史学巨匠,他们三人虽然政见不和,却都认真地"讨论"千年前的"昭君出塞",有意思不?

昭君琵琶调被看成汉、匈和美曲

王昭君出塞时,汉、匈力量对比已和汉初时的力量对比有了很大改变，与刘细君和亲的时候不同。汉武帝时，霍去病率领大军夺取祁连山、焉支山，兵锋直逼瀚海（今俄罗斯贝加尔湖），匈奴已衰弱到不足成为汉朝心腹之患。汉宣帝神爵二年（前60）后，匈奴内部出现权力之争，五位单于争立，互相屠戮，最后形成呼韩邪单于与郅支单于两虎相争的局面。公元前36年，西域副校尉陈汤击灭郅支，郅支单于被杀。呼韩邪单于因为畏惧汉朝威力，于公元前33年正月入长安朝拜汉元帝，表示愿做汉朝皇帝的女婿。汉元帝也愿意用婚姻形式巩固汉、匈友好关系，于是以宫女王嫱配呼韩邪为妻。从此，汉、匈战争状态结束，长期保持友好关系。著名历史学家翦伯赞先生称赞道："汉武雄图载史篇，长城万里遍烽烟。何如一曲琵琶好，鸣镝无声五十年。"他把王昭君的功劳摆到汉武帝之上，把昭君琵琶调看作汉、匈和美曲。

赞赏"昭君出塞"的，古代诗人中大有人在。

宋代有好几位诗人都大为颂扬"昭君出塞"。刘子翚《明妃出塞》："西京自有麒麟阁，画向功臣卫霍间。"王昭君的功勋可以和汉武帝时的大将军霍去病、卫青相媲美。刘次庄《王昭君》："薄命随尘土，元功属庙堂。蛾眉如有用，惭愧羽林郎。"王昭君建立的安边功勋却归于庙堂高官，有谁能知道，这薄命女子的作用远远超过皇帝的御林军？让美女承担本来应该由自己承担的保国卫家的责任，这些将士难道不羞愧？李纲《明妃曲》："汉宫美女不知数，骨委黄土纷如麻。当时失意虽可恨，犹得千古诗人夸。"汉宫无数美女骨委黄沙，默默无闻，王昭君却得到了诗人的赞美。

金代诗人王元节在《青冢》这首诗里想象，汉朝那些赫赫有名的大将在黄泉见到王昭君都会羞愧："汉家多少征西将，泉下相逢也合羞。"

清代女诗人李含章《明妃出塞图》："大抵美女如杰士，见识迥与常人殊。"美女与杰出人士一样，她的见识总是高于平常人。

"鉴湖女侠"秋瑾在《杂咏二章·其一》中感叹未能建功立业，还不及王昭君尚有青冢留名后世："钱塘江上几回潮？作客年华鬓渐凋。争似明妃悲出塞，尚留青冢向南朝。"

诗人们还想象，王昭君假如不出塞，就一定会幸福？那可未必。

唐代诗人张蠙《青冢》："倾国可能胜效国？无劳冥寞更思回。太真虽是承恩死，只作飞尘向马嵬。"他认为王昭君以美色报效国家，远远超过历史上其他倾国倾城的美女，她根本不需要惦记返回汉地。杨贵妃虽然得宠，还不是化作了马嵬驿的飞尘？清代史谷贻《王昭君》写出同样意思："红颜得向胡尘老，免似杨妃辱马嵬。"

宋代诗人黄文雷的诗名虽然没有多高，他以诗叙史的《昭君行（并序）》却颇有新意。黄文雷认为，自从石崇写了《王明君辞》，诗人往往沿用汉初的和亲思维，其实王昭君并非和亲，而是后宫女子对命运的聪明选择。王昭君未得汉元帝宠爱，并非画师捣鬼，而是汉元帝身边的冯昭仪、傅昭仪争宠，才使得她们这些搁置掖庭的女子和皇帝就像隔着烟雾，根本没有见面机会。霍去病因做过嫖姚校尉，被后人称为"霍嫖姚"。他早已打得匈奴大败，王昭君却还是像"和亲"一样离开了汉宫，"票姚枉夺燕支山，玉颜竟上毡车去"。"穹庐随分薄梳洗,世间祸福还相倚。上流厌人能几时,后来燕啄皇孙死。野狐落中高台倾,宫人斜边曲池平。千秋万岁总如此,谁似青冢年年青。"不过,王昭君去匈奴不见得是坏事。她刚出塞,汉元帝就驾崩了,汉宫内斗更惨烈。汉成帝的皇后赵飞燕及其妹赵合德嫉妒异常,将汉成帝的儿子一个个害死。汉宫曾经歌舞升平的楼台成了野狐洞穴,埋葬宫人的坟墓已变成平地,有哪个留在汉宫的女性像王昭君一样生前风风光光,身后千古留名?

明代诗人邱濬的《题明妃图》表达了同样意思:"莫向西风怨画师,从来旸谷日光遗。当时不遇毛延寿,老死深宫谁得知。"不要埋怨画师毛延寿啦,越靠近日出的地方,越见不到阳光。毛延寿把王昭君画丑,实际上是成全了她,否则她老死汉宫也没人知道。清代诗人刘献廷《咏王昭君》则联想到其他宫女:"汉主曾闻杀画师,画师何足定妍媸?宫中多少如花女,不嫁单于君不知。"听说汉朝皇帝杀了画师,可是,画师如何能决定一个人的美和丑?宫中多少如花女子,如果不是要嫁给单于,皇帝都不会知道!

清代诗人贺裳的《明妃辞》认为王昭君没有贿赂画工成为宠妃,是她的幸运。诗人想象:"汉使北来闻近事,昭阳赐死为当熊。几年残泪今朝尽,喜不当时贿画工。"汉朝使节来到匈奴,说到汉朝宫廷最近发生的事情,当年替汉元帝挡熊的冯昭仪,被现在的太后赐死了。听到这个消息,王昭君流了几年的眼泪才停止,暗自庆幸,当年幸亏没给画工送钱做上宠妃,否则今天死的就是她了。

"昭阳赐死为当熊"是什么典故呢?大臣冯奉世的女儿冯媛,是汉元帝的婕妤。婕妤,是汉代皇后之下,仅次于昭仪的第二等嫔妃。建昭年间(前38—前34),汉元帝到皇家兽苑观看斗兽,有只大熊突然跑了出来。汉元帝周围的人四散而逃,这时,冯婕妤挺身而出,站到汉元帝前面挡住大熊。皇帝的侍卫将熊杀死后,汉元帝问冯婕妤,你为什么挡住大熊?冯婕妤回答,猛兽只要抓到一个人就会停下来,我要用我的身体挡住熊,不让它伤害您。从此,冯婕妤深受汉元帝宠爱,被封为昭仪。不过,她也由此遭到傅昭仪等人嫉妒。汉元帝死后,其子汉成帝专宠赵氏姐妹。赵飞燕与赵合德"燕啄皇孙",汉成帝没有儿子,只好立汉元帝的孙子刘欣为太子。因父亲定陶王早死,刘欣由祖母傅昭仪抚养长大。刘欣即位,傅昭仪成为傅太后,诬陷冯昭仪诅咒皇帝和皇太后,逼迫当年替汉元帝挡熊的冯昭仪自杀。

清代诗人周廷燨《昭君咏四首》中的前两首,用"人彘""当熊""长门"等著名汉宫典故,综合女子受迫害的历史事实,说明在汉宫得宠并非好事。《其一》:"人彘穷凶出汉宫,当熊妃子泣秋风。昭君不抱琵琶去,未必恩私竟得终。"《其二》:"深闭长门春复春,云和斜抱月华新。黄金若买毛延寿,不过寻常抱袴人。""人彘"是说戚夫人。汉高祖宠爱戚夫人,一度想废掉吕后之子即后来的汉惠帝,立戚夫人之子赵王如意为太子。汉高祖死后,吕后杀掉如意,把戚夫人挖眼、熏聋、哑喉、砍去手足,丢在永巷,成为

"人彘"。"当熊"就是说冯婕妤。"长门"是说汉成帝本来宠爱班婕妤,后宠爱赵飞燕,就将班婕妤弃置长信宫侍奉太后,班婕妤作《怨歌行》,以秋扇自比:"弃捐箧笥中,恩情中道绝。""长门"也可以说是汉武帝的皇后陈阿娇因失宠而请司马相如撰写《长门赋》。诗人用汉朝皇帝身边几位曾经非常得宠的女子的不幸遭遇说明:王昭君幸亏没有像她们那样得到汉朝皇帝的宠爱,不然也会遭受失宠乃至丧命的命运。

这种吟咏昭君的风气还从真实诗人来到虚构诗人的笔下。《红楼梦》中,林黛玉《五美吟·明妃》写得纤巧清丽:"绝艳惊人出汉宫,红颜命薄古今同。君王纵使轻颜色,予夺权何畀画工?"潇湘妃子借王昭君不为汉帝赏识来感叹自己薄命。薛宝琴《怀古绝句·青冢怀古》写得雄浑豪放:"黑水茫茫咽不流,冰弦拨尽曲中愁。汉家制度诚堪笑,樗栎应惭万古羞。"汉宫君主和武将都是废物,无力抵御外族的侵略,却让女子和亲,贻羞万古。

两千多年来,那么多诗人,包括虚构诗人,都为一个公元前的女子吟咏不已,多么神奇!外国诗歌史上能找到同类现象吗?

《汉宫秋》奇枝独秀

中国古代"四大美女"中最受文人关注的是王昭君,"元曲四大家"之一马致远的《汉宫秋》奇枝独秀,是中国古典戏剧十大悲剧之一。

《汉宫秋》,全名《破幽梦孤雁汉宫秋》,主要剧情是:汉元帝即位后,渴望美色,于是派中大夫毛延寿到全国挑选美女,画成图,他按图临幸。毛延寿趁机大发横财,向美女的家人索贿,要其中最美的王昭君交给他一百两黄金。王家是乡农人家,无金可交。毛延寿遂"点破"美人图,王昭君被打入冷宫。她夜弹琵琶时,被暗访美色的汉元帝发现,于是得宠,被封明妃。汉元帝与王昭君如胶似漆,数十天不上朝。汉元帝下令杀毛延寿,毛延寿便带着王昭君的"写真图"跑到匈奴献给呼韩邪单于。呼韩邪单于派使者威胁汉元帝:立即派明妃和亲,否则百万大军南下灭汉。汉元帝舍不得王昭君。王昭君却顾全大局,愿为社稷做出牺牲,主动要求出塞和亲。汉元帝在灞桥哭哭啼啼地给王昭君送行。王昭君走到边界的大黑河时投河而死。痴情的呼韩邪单于为王昭君建青冢,然后捆了毛延寿送回汉廷,承诺与汉朝永远是"甥舅"关系。汉元帝在悠悠秋夜、孤雁哀号、清冷皇宫中,苦苦思念绝世美人王昭君……

《汉宫秋》比较完美地表达了强烈的民族意识。

《汉宫秋》的作者马致远,是深受汉文化熏陶的读书人,他对元代统治者、蒙古贵族压迫欺凌汉人有切肤之痛,脍炙人口的《天净沙·秋思》就是这种悲愤心情的写照:"枯藤老树昏鸦,小桥流水人家,古道西风瘦马,夕阳西下,断肠人在天涯。"这虽然是写景小令,但潜意识中,马致远有没有觉得逝去的王朝像枯萎的古藤、衰朽的老树,而自己像无枝可栖的昏鸦?马致远借古人之酒杯，浇自己的块垒，"昭君出塞"的传统题材成了民族感情的宣泄口。他写《汉宫秋》，刻意夸大匈奴的势力、匈奴的蛮横，是不是暗喻蒙古贵族的飞扬跋扈？他描绘懦弱无能的汉元帝、虚构卖主求荣的毛延寿、丑化尚书令五鹿充宗，是不是影射将大片中原国土葬送在蒙古贵族手中，最后连半壁江山也丢掉的宋室君臣？从时代背景和作者经历来看，马致远很有可能是借古讽今。当然，马致远没有留下《汉宫秋》的"创作经验谈"，后人对生活在十三、十四世纪之交作家的作品立意，只能"隔皮猜瓜"。

《汉宫秋》是末本戏，由"正末"主唱。所谓"正末"，类似于京剧的须生。也就是说，《汉宫秋》的主角是汉元帝，不是王昭君。马致远实际上是把汉元帝当作"变形金刚"，"装进"了金王朝和南宋王朝覆亡的历史教训中：皇帝沉湎酒色，倦于政事，信用奸佞小人；文臣武将尸位素餐，贪取高官厚禄，国难当头，或明哲保身，或诿过他人，或卖主求荣。汉元帝一出场，先是感叹"后宫寂寞，如何是好"，巧遇王昭君后，如获至宝，沉溺于美色。匈奴强索王昭君，他只会回忆他刘家如何战胜项羽夺天下，埋怨自己的文臣武将没用，但是怎样御敌、怎样保护心爱的嫔妃，他连想法都没有，简直窝囊到可笑。尚书令五鹿充宗的出场则像漫画："调和鼎鼐理阴阳，秉轴持钧政事堂。只会中书陪伴食，何曾一日为君王。"毛延寿以中大夫的身份出现："为人雕心雁爪，做事欺大压小，全凭谄佞奸贪，一生受用不了。"这种登场诗一念，两个奸佞的嘴脸立刻显现。汉元帝说"后宫寂寞"，毛延寿立即说：

"陛下，田舍翁多收十斛麦，尚欲易妇，况陛下贵为天子，富有四海。"他建议全国选美，然后自己趁机发财。

《汉宫秋》体现出元曲"文采派"大师的特点，汉元帝的唱词，音韵铿锵、字字珠玑。三段赞赏王昭君的唱词，既状王昭君之美，又写汉元帝之昏：

> 【醉中天】将两叶赛宫样眉儿画，把一个宜梳裹脸儿搽，额角香钿贴翠花，一笑有倾城价。若是越勾践姑苏台上见他，那西施半筹也不纳，更敢早十年败国亡家。
>
> 【金盏儿】我看你眉扫黛，鬓堆鸦，腰弄柳，脸舒霞，那昭阳到处难安插，谁问你一犁两坝做生涯？也是你君恩留枕簟，天教雨露润桑麻。既不沙，俺江山千万里，直寻到茅舍两三家。
>
> 【梁州第七】……体态是二十年挑剔就的温柔，姻缘是五百载该拨下的配偶，脸儿有一千般说不尽的风流。……情系人心早晚休，则除是雨歇云收。

汉元帝认为王昭君美过西施，如果勾践早就发现她并让她入吴，那么，足以提前十年灭吴！大汉皇帝从万里江山寻到茅舍，才找到这么一个可爱的美人，汉元帝如痴如醉，早把国家大事抛到九霄云外。当呼韩邪单于派使者威胁汉元帝，如果不交出王昭君，"俺有百万雄兵，刻日南侵"时，大臣们束手无策，汉元帝气急败坏,大骂"满朝中都做了毛延寿",感叹"空掌着文武三千队,中原四百州",却"做了别虞姬楚霸王"。汉元帝善哭,哭出了"爱情",也哭出了无能。

汉元帝送别王昭君,以及在汉宫秋夜思念她,是最著名的元曲段子:

【梅花酒】呀!俺向着这迥野悲凉:草已添黄,兔早迎霜;犬褪得毛苍,人搠起缨枪;马负着行装,车运着糇粮,打猎起围场。他、他、他,伤心辞汉主;我、我、我,携手上河梁。他部从入穷荒,我銮舆返咸阳。返咸阳,过宫墙;过宫墙,绕回廊;绕回廊,近椒房;近椒房,月昏黄;月昏黄,夜生凉;夜生凉,泣寒螀;泣寒螀,绿纱窗;绿纱窗,不思量!

【幺篇】伤感似替昭君思汉主,哀怨似作薤露哭田横,凄怆似和半夜楚歌声,悲切似唱三叠阳关令。

【尧民歌】呀呀的飞过蓼花汀,孤雁儿不离了凤凰城。画檐间铁马响丁丁,宝殿中御榻冷清清。寒也波更,萧萧落叶声,烛暗长门静。

遗憾的是,因为《汉宫秋》是末本戏,是正末,也就是男主角从头唱到尾,王昭君没有一句唱词。这当然是由元杂剧特有的程式决定的。如果马致远能像洪昇那样来它个"生、旦"叠唱,不知道他还能写出多少妙语佳句。

更遗憾的是,《汉宫秋》的故事、人物与历史事实,就像木工做活时的方榫对圆卯,根本对不上。王昭君何曾得过汉元帝宠幸?王昭君何曾被汉元帝封过"明妃"?明妃是晋朝人给王昭君的所谓封号,她自己根本不知道。画师毛延寿何曾摇身一变而成朝廷重臣?呼韩邪单于何曾强大到有百万雄师?既然王昭君出塞时就跳进了边界的大黑河,她的儿子伊屠知牙师和两个女儿又是谁生的?历史上,王昭君是正月出塞,三个月后汉元帝魂归西天,他哪儿还会在秋夜的汉宫,在孤雁的哀号声中,怀念心爱的美人?……按说昭君戏是历史剧,所谓历史剧,应当尽量真实地演绎历史。历史剧如果和历史事实南辕北辙,那么,我们将《汉宫秋》看成对王昭君出塞的"根本扭曲"都不为过。但非常有趣的是,《汉宫秋》愣是成了经典,成了中国古典戏剧十大悲剧之一。文学真是和历史开了一次好大的玩笑!

文学创作是作家人生愿望的达成,历史人物也难免成为作家的优孟衣冠,用"历史真实"套文学名著,很可能成为胶柱鼓瑟的笨伯。

古代"四大美女"造就古典戏剧经典,是特殊的中国文化现象。西施带来《浣纱记》,是梁辰鱼"添油加醋"的成功;杨贵妃带来《长生殿》,是洪昇想象奔驰的结果;貂蝉本是虚构人物,从《关公月下斩貂蝉》到《吕布戏貂蝉》是虚构之虚构;至于靠歪曲真实历史变成文学经典的《汉宫秋》,肯定是另类中的另类了。

"八仙过海"演昭君

中国古典戏剧有水浒戏、三国戏、西游戏等。昭君戏不仅一个人物成一个"戏种",还可能资格最老。元杂剧名作《汉宫秋》出现之前,水浒戏、三国戏、西游戏等还都刚刚"冒头",而昭君故事已在舞台上演了千年。

据《宋书·乐志》记载,《昭君怨》在汉代已经以"相和歌辞"的形式演出,"歌以咏德,舞以象事",由三人以上的乐队伴奏,乐器有胡笳、琵琶、鼓板等,舞者载歌载舞,演王昭君辞别汉宫、上马出塞、还望故乡、魂化飞鸟、奔向云中,即"辞汉、跨鞍、望乡、奔云、入林"(胡笳《明君别》),已是比较完整的昭君故事,富于浪漫气息的歌舞剧。晋代石崇的爱姬绿珠以善舞《明君》著称。唐代出现了关于王昭君的变文。宋代歌舞曲"转踏"有唱王昭君的传统,如无名氏《调笑集句·明妃》唱词:"上马即知无返日,寒山一带伤心碧。""元曲四大家"中有两位写昭君戏,马致远的《汉宫秋》流传下来,关汉卿的《汉元帝哭昭君》失传。关汉卿的昭君戏也是末本戏,如能传下来,并与《汉宫秋》唱"对台戏",该有多好!元杂剧中失传的昭君戏至少还有张时起《昭君出塞》、吴昌龄《夜月走昭君》,都是王昭君主唱,可惜都没传下来。明代陈与郊《昭君出塞》展现王昭君奉命和番、别故国嫁异域的凄苦之情。无名氏《和戎记》沿袭《汉宫秋》,加了一个欢乐祥和的尾巴。清代尤侗《吊琵琶》的前三折沿袭《汉宫秋》,第四折写蔡文姬吊王昭君有些新意。薛旦《昭君梦》表达"人生如梦"的感慨。周乐清《琵琶语》是"昭君出塞"的翻案之作，重点写王昭君归汉和升仙。明清的昭君戏还有残本与存目，不过，不管是全本还是残本，其艺术成就都不能与《汉宫秋》相抗衡。

进入二十世纪，昭君戏仍然为大戏剧家所钟爱。1923年，郭沫若创作《王昭君》，赋予这个公元前美人以个性解放的"五四精神"。王昭君不仅大快人心地扇了毛延寿一巴掌，还严词拒绝汉元帝的恩宠，叛逆得既可爱又不可思议。1961年，周总理召集文艺界的同志开座谈会，谈到一位内蒙古的领导反映蒙古族青年找汉族姑娘结婚不容易时，周总理说，古时候的王昭君是汉族嫁给少数民族，曹禺写写王昭君吧！

曹禺理解周总理是要歌颂民族团结和民族间的文化交流，这成为话剧《王昭君》的基调，可惜写成时周总理已驾鹤西去。

曹禺的《王昭君》应算改革开放后的作品，共分五幕。第一幕设计前朝孙美人作为"无希望待诏"的活证据。六十多岁白发宫女的思维还停留在盼望皇帝临幸的"十八岁"上，进宫一辈子，从没见过皇帝，真被皇帝叫去时，却是死皇帝托梦要宫人。孙美人兴奋而死，留给王昭君的启发是："现在我想出去，就从这个门堂堂皇皇地出去。"第二幕，王昭君便主动要求出塞。过去往往被丑化的呼韩邪单于被英雄化、帅哥化。他雄才大略，面如秋月，有一双灿烂发光的眼睛，通晓汉朝风俗、文字，把文化昌明的长安看作第二乡土，看清汉、匈友好才能享受到"边城晏闭，牛羊遍野"。汉元帝温文儒雅,通情达理。王昭君"丰容靓饰,光彩照人,顾影徘徊,惊动左右"地来见两位君王,说着"我款款地行,我从容地走,把定前程,我一人敢承当"。然后,王昭君抗旨不给呼韩邪单于唱汉元帝钦点的《鹿鸣》,坚持唱里巷情曲《长相知》。汉朝国舅王龙说应该砍她头。王昭君对皇帝说:"天生圣人都是本着'义'和'诚'的大道理治理天下的。于今,汉、匈一家,情同兄弟,弟兄之间,不都要长命相知,天地长久吗?长相知,才能不相疑;不相疑,才能长相知。长相知,长不断,难道陛下和单于不想'长相知'吗?难道单于和陛下不要'长不断'吗?"好一番振振有词的关于民族团结的政治说教!

  后三幕是在草原上展开的。"草原上美丽极了,长着千千万万说不出名字的野花,像望不尽的蓝天点缀着望不尽的繁星。"王昭君很快适应草原,爱上草原,"汉家派来的公主,脸上擦上匈奴女子的胭脂"。曹禺刻意回避单于原有的阏氏,主要描写王昭君与大公主的友谊。汉朝国舅王龙与匈奴国舅温敦破坏汉、匈关系,王昭君挫败他们的阴谋,赢得单于的心。在王昭君晋封阏氏前,呼韩邪单于将匈奴龙廷调动军马的"经路"宝刀交给她,然后庄严宣誓:"我,匈奴第十四代单于,挛鞮、稽侯珊呼韩邪、若鞮撑犁孤涂,亲往长安求婚,承天子洪恩,赐婚昭君公主。上下臣民,欢欣爱戴,塞内塞外,和悦安宁。今天晋庙祭告祖先,特册封昭君公主为宁胡阏氏!"王昭君亲手绣成的送给呼韩邪单于的合欢定情被,此时变成一床仙被,"覆盖四面八方,塞南塞北,无止境"。

远处传来悠扬的歌声:"汉胡一家呀,路边的杨柳青又青,千秋万代永不分哪,我们亲又亲。"

曹剧里的王昭君受屈原影响,喜欢民歌,"上邪!我欲与君长相知"不仅成为她与单于关系,也成为汉、匈关系的"主唱"。曹禺按照周恩来总理的希望,对"昭君出塞"做了诗意的提升。这位"昭君"不再是白居易笔下凄苦的王昭君,也不再是历史上确实存在过的王昭君,而成为民族团结的象征。

话剧是昭君戏的后起之秀。从古至今,有多少剧种演过昭君戏?元杂剧、明清传奇不必说,京剧、评剧、川剧、昆曲、滇剧、秦腔、黄梅戏、豫剧、莆仙戏、桂剧、越剧……还有影视剧,舞台、屏幕,八仙过海,各显其能。

昭君题材的文学"比武",小说家远远比不上诗人和戏剧家,名作不多。清代小说《双凤奇缘》沿用明代无名氏剧本《和戎记》的构思,王昭君的妹妹做了皇后,生下太子,汉朝扫平匈奴,大团圆。被诗人痖弦称为"新文学运动以来中国历史小说第一人"、以"野翰林"自诩的高阳,他的名作《汉宫名媛王昭君》丝丝入扣地演绎了"汉宫第一美女"的悲情故事。小说将《汉宫秋》进一步"爱情化"。王昭君被选入汉宫,受画工毛延寿陷害,备受冷落。呼韩邪单于求亲,汉元帝答应将公主嫁给他。公主坚决不肯,汉元帝遂决定将宫女封为公主出嫁。王昭君获封长公主,深得太后喜爱。汉元帝发现她惊人的美貌后,就宠幸了她,并封为明妃,还想出李代桃僵,让王昭君的结拜姐妹韩文代她出嫁的"诡计"。王昭君却顾全大局，为了汉室安危，为了保护大汉朝廷的威望，毅然舍弃汉元帝的恩宠，主动要求出塞和亲。写小说的都知道：故事好编，细节难寻。高阳小说的细节写得特别好，如毛延寿"点破昭君面"就很出彩。毛延寿向汉元帝谎称王昭君脸上有两颗痣——淫痣和白虎痣。王昭君的结拜姐妹向汉元帝介绍，王昭君右眉心有一个几乎看不出来的朱砂痣，汉元帝居然知道这颗痣名叫"碧草丹珠"，是美人痣，且主生贵子。高阳用一个个精彩的细节"堆砌"起绚丽多姿、气势宏伟的历史画面。《汉宫名媛王昭君》情节曲折、引人入胜，人物活灵活现、栩栩如生。王昭君深明大义，汉元帝痴情懦弱，太后精明果断，毛延寿奸诈狡猾，王昭君结拜姐妹聪慧重情。高阳的历史观是与白居易一脉相承的，即"大汉至上"。小说在王昭君决定出塞的关头戛然而止。王昭君自述："我觉得只有这样做，才于国、于君、于公、于私、于人、于己都有利。"她认为自己将面对"黄尘漠漠，举目无亲。伴着个既老且丑的呼韩邪，那不是个噩梦？噩梦，日日如此，是个不会醒的噩梦"。这样的表述，岂不成了对"昭君出塞"意义的"蓄意贬低"？昭君题材以丰富的文化意蕴遍地开花，历久弥新，我相信还会不断地有新的昭君戏和小说出现。

青冢——不朽的明证

虽然从古至今关于王昭君的诗歌、戏剧、电影、电视浩如烟海，但昭君古迹"青冢"才是不朽的明证。

昭君古迹多为近世旅游需要而新造，也有前人早就描写过的，如陆游《入蜀记》："去江岸五里许，隔一溪，所谓香溪也。源出昭君村，水味美，录于《水品》，色碧如黛。"

最著名的昭君古迹，是青冢。昭君墓大概是中国古代"四大美女"的墓中仅存的一座。西施史料缺乏，貂蝉是小说形象，杨贵妃的墓早在白居易时就"不见玉颜空死处"，只有王昭君的青冢已存在两千多年。

"冢"指高大的陵墓，"青冢"是昭君墓的雅称，也是专称，蒙古语称"特木尔乌尔虎"，意为"铁垒"，就是指史籍记载和民间传说中王昭君的墓地，坐落在内蒙古自治区呼和浩特市南郊九公里大黑河南岸。在晋西北与内蒙古自治区接壤的朔州市朔城区南榆林乡青钟村也有一座青冢，是自称埋葬王昭君的十几座"青冢"之一。而被公认的昭君墓，则是呼和浩特的这座青冢。

关于"青冢"，研究者们习惯认为出自仇兆鳌注杜甫《咏怀古迹》"独留青冢向黄昏"句："《归州图经》：'边地多白草，昭君冢独青。'"其实，"青冢"可能在李白诗歌中出现得更早："生乏黄金枉图画，死留青冢使人嗟。"白居易《青冢》描写青冢上有饥鹰、下有枯蓬，茫茫边雪，一掬黄沙。唐代三大诗人李白、杜甫、白居易同写一座女子坟墓，十分罕见。在李白、杜甫、白居易及他们一代代的模仿者眼中，青冢非常荒凉。既然塞外荒凉，青冢又为何"常青"？传说，因为世世代代的内蒙古牧民不允许牛羊到青冢上吃草。清代陆耀《王昭君》："至今青冢草，牛羊不敢龁。"

康熙二十七年（1688），张鹏翮出使俄罗斯，路过青冢，曾描绘青冢："下有古柳一株眠地，中空如船而枝干上伸，苍茂如虬。"（《奉使俄罗斯日记》）清代诗人徐兰《青冢前卧柳》也描绘这棵奇异的千年古柳："谁栽一株柳，万古覆美人。纵非汉时物，约略应千春。春风自东来，叶叶如含颦。长条覆数亩，其下无纤尘。塞外苦地寒，土人恒患贫。木长不过丈，草绿无十旬。扶桑若可攀，不怕摧为薪。此柳得稳卧，无乃有鬼神。"在浩如烟海的昭君诗中，这首诗颇有点新意，它描绘的是在康熙年间仍然能够看到的一株奇异的柳树。这株柳树是卧柳，躺在昭君墓前，长长的叶子覆盖着昭君墓，让昭君墓下面没有一点儿灰尘，每片叶子似乎都含着淡淡的哀愁。塞外十分荒凉，草木生长不易，树木长不大，就被人砍伐了，这株古柳居然能稳稳当当地躺卧千年之久，难道是有鬼神保佑？这首诗的价值在于，它以文字形式，记载了昭君墓曾经拥有的美景。不知道这卧柳是什么时间，毁灭于何人之手。

千秋青冢，为塞外带来动人春色，更带来经济繁荣。内蒙古自治区的众多企业都选择王昭君作为企业文化形象，如"昭君集团""昭君大酒店""昭君美食村""昭君马头琴""昭君黄酒""昭君香烟""昭君火柴""昭君驼绒被""昭君羊绒衫"……"昭君品牌热"依恃着源远流长的"昭君文化潮"，根深叶茂。

我总在琢磨，这一切的一切，躺在青冢里的王昭君知道吗？

青冢始建于公元前的西汉时期，由汉代人工积土夯筑而成。

墓体状如覆斗，高三十三米，底面积约一万三千平方米，是中国最大的汉墓之一。清代张文瑞和钱良铎途经呼和浩特时，见到青冢琉璃瓦成堆，冢前有石虎、石马、石狮、石幢，墓顶有小方亭，亭内有佛画、细布及豆麦等物。这些历史文物都已在战乱中丧失。现在的青冢前雕有联辔而行的双骑塑像王昭君和呼韩邪单于。塑像底座上是用蒙、汉两种文字镌刻的"和亲"二字。

青冢前立了一块石碑，上刻一首诗，作者是董必武，中国共产党的创始人之一，曾任中华人民共和国副主席。老人家大概是看了不少古代诗人题咏"昭君出塞"的诗，大发感慨："昭君自有千秋在，胡汉和亲识见高。词客各摅胸臆懑，舞文弄墨总徒劳。"（《谒昭君墓》）董必武认为王昭君的功业千秋万代都存在，诗人们借她来抒发自己的感慨其实往往是白费力气，说不到点子上。董必武的这个意思扩而言之，就是诗人、小说家、戏剧家的那些描写都是"徒劳"，只有昭君墓才是实实在在的存在。

历史学家翦伯赞《内蒙访古》写道："在大青山脚下，只有一个古迹是永远不会废弃的，那就是被称为青冢的昭君墓。"

我现在不妨将雨果在巴尔扎克墓前的讲话"移植"过来："这不是黑夜，乃是光明。这不是终局，乃是开端。这也不是虚无，而是永生。你们听我说话的一切人，我不是说到真理了吗？像这一类的坟墓才是'不朽'的明证！"（《巴尔扎克葬词》）

中国古代"四大美女"中，应该说王昭君的影响最大，两千多年来，有多少诗人为构思昭君诗捻断了"数茎须"，多少画家画过白雪红衣的昭君出塞图,多少音乐家谱过琵琶叮咚、胡琴悠扬的昭君出塞曲,多少戏剧家编排过南戏、杂剧、明清传奇、现代话剧、歌剧、舞剧等,演绎过王昭君与汉元帝、匈奴单于、毛延寿的恩恩怨怨?

不仅诗歌,不仅戏剧,不仅小说,不仅文学,还有旅游,还有经济,王昭君都能为之服务……

中国古代的美人们,有哪位比王昭君的"身价"还高?而这位永远躺在青冢的公元前美人王昭君,她知道吗?

· 第五章 ·

貂蝉：亦真亦幻的身世

貂蝉横空出世

我在这儿讲中国古代"四大美女",念叨来念叨去,可是,哪位高人能说出"四大美女"这个称呼是从什么时候开始,由哪位神人钦定的?细说来,都是一笔糊涂账!而这笔糊涂账中最糊涂的一笔,就是貂蝉。

西施、王昭君和杨贵妃,都确实存在过,只有貂蝉形迹可疑。她凭什么成为中国古代"四大美女"之一?哪个真实的历史人物见过她?哪位历史学家对她的相貌做过只言片语的描写?一概没有。如果虚构人物也能与真实的历史人物一起被选入"四大美女",那么,貂蝉能美过嫦娥,美过洛神吗?大概不能。可是,这位空穴来风的人物愣是与三位真实的美女平起平坐,为什么呢?

是不是因为人们对"四大美女"有着共同的定位,比如,美女在相当大程度上影响了历史的发展进程?

美女虽然心中有"爱",但还得看她把爱用到什么地方。如果说《浣纱记》《汉宫秋》《长生殿》中的三大美女都有过刻骨铭心的爱,以及高尚的"为国舍爱",那么,《三国演义》第八回《王司徒巧使连环计　董太师大闹凤仪亭》和《吕布戏貂蝉》等戏剧中塑造的貂蝉,则可以说是"为救国而假爱"。貂蝉所谓的"爱",是虚情假意之"爱",同床异梦之"爱",虚与委蛇之"爱"。貂蝉同时"爱上"名义上是父子的政坛风云人物:残暴骄横的董卓、见利忘义的吕布。她以超过好莱坞明星的演技,以美貌、才艺、机智和巧舌如簧周旋于两只豺狼之间,把他们迷得找不着北,最终完成十八路诸侯齐上阵都未能完成的任务——消灭董卓。

貂蝉横空出世,她来自何方?她是"三国"人物,而且是虚构的。

"三国"时代刚刚结束,口头创作和舞台演出已经有了关于"三国"的作品和节目。据记载,隋炀帝特别喜欢看关于曹操和刘备的戏。到了唐代,"三国"人物和故事成为"说话"①内容和诗人的关注对象。李商隐《骄儿诗》中"或谑张飞胡,或笑邓艾吃"两句,描绘了"说三国"在儿童中的反应。宋代则有了"三国"皮影戏和"说三国"的科目"说三分",还有"说三分"的专业艺人。《东京梦华录》卷五《京瓦伎艺》记有"霍四究说三分"之

---

① 说话:唐、宋时民间艺人讲说故事的专称,相当于近代的说书。
——编者注

事。元人王沂《虎牢关》:"君不见三分书里说虎牢,曾使战骨如山高。"虎牢关"三英战吕布"的故事也有了。宋代之前的文学作品中有没有"貂蝉"?没有记载。

"貂蝉"作为艺术形象,曾在宋、元南戏《貂蝉女》中出现过,全戏失传,现存残本,钱南扬《宋元戏文辑佚》存有两支残曲。《太和正音谱》著录的元杂剧《锦云堂暗定连环计》中也有貂蝉,大概情节是:王允与杨彪欲除掉专权的董卓,却想不出办法。王允收留的貂蝉祈祷夫妻团聚,王允听到后加以追问。她回答:"您孩儿不是这里人,是忻州木耳村人氏,任昂之女,小字红昌。因汉灵帝刷选宫女,将您孩儿取入宫中,掌貂蝉冠来,因此唤做貂蝉。灵帝将您孩儿赐与丁建阳,当日吕布为丁建阳养子,丁建阳却将您孩儿配与吕布为妻。后来黄巾贼作乱,俺夫妻二人阵上失散,不知吕布去向。您孩儿幸得落在老爷府中,如亲女一般看待,真个重生再养之恩,无能图报。昨日与奶奶在看街楼上,见一行步从摆着头踏过来,那赤兔马上可正是吕布。您孩儿因此上烧香祷告,要得夫妇团圆,不期被老爷听见,罪当万死!"王允一听,大喜,遂定下以貂蝉离间董卓与吕布的"连环计":先把貂蝉许吕布,后送董卓,吕布与董卓反目;董卓派李肃捉吕布,李肃反被王允说服,共反董卓;最后,蔡邕出面假意请董卓受汉帝禅让,众人协力杀死董卓。

《三国志平话》中的貂蝉"连环计",大致情节则是:董卓调戏汉帝妃嫔,宰相王允不忿,密言:"汉天下无主也。"王允归宅后,在花园闷坐,见貂蝉焚香再拜,自言"家长不能见面"。王允问怎么回事,貂蝉回答:"贱妾本姓任,小字貂蝉,家长是吕布,自临洮府相失,至今不曾见面,因此烧香。"王允大喜:"安汉天下,此妇人也!"于是赏貂蝉"金珠缎匹",承诺"亲女一般看待"。数日后,王允请董卓赴宴,貂蝉"髻插碧玉短金钗,身穿缕金绛绡衣,那堪倾国倾城",迷倒董卓。第二天,王允又请吕布赴宴,"使貂蝉上筵讴曲"。王允对吕布说:"老汉亦亲女看待。选吉日良时,送貂蝉于太师府去,与温侯完聚。"几日后,王允将貂蝉送给董卓。董卓沉迷于貂蝉。两天后,吕布"提剑入堂,见董卓鼻气如雷,卧如肉山,骂:'老贼无道!'一剑断其颈,鲜血涌流。刺董卓身死"。

《锦云堂暗定连环计》和《三国志平话》中的貂蝉故事都是粗线条的,归纳起来有几点:第一,"貂蝉"是汉帝命名,含义是"管理武官帽子的宫女";第二,貂蝉不曾忧国忧民,她是吕布之妻,在战乱中失散,为与夫君团圆,才接受"连环计";第三,貂蝉之美大概不能与做过王妃的西施、王昭君、杨贵妃相媲美,也不能与留下"倾国倾城"典故的汉武帝李夫人相媲美。她之所以"倾国倾城",只不过是见异思迁的老色鬼董卓的感受而已。倘若貂蝉美如天仙,汉灵帝为何不临幸?为什么只派她管理武官的帽子?丁建阳怎么也未见色起意,而是将其赏给吕布?可见,貂蝉并未令见到她的男人都失魂落魄。

貂和蝉本是两种动物,自汉代起成为官员帽子的装饰品,才并称为"貂蝉"。《后汉书·志第三十·舆服下》:"武冠,一曰武弁大冠,诸武官冠之。侍中、中常侍加黄金珰,附蝉为文,貂尾为饰,谓之'赵惠文冠'。"《古今注·舆服》:"貂者,取其有文采而不炳焕,外柔易而内刚劲也。蝉者,取其清虚识变也。"东汉应劭《汉官仪》:"侍内金蝉左貂,金取刚固,蝉取高洁也。"许晖《身体的媚术:中国历史上的身体政治学》这样分析:"貂蝉,一身而兼两种动物。貂,长于寒带,聪明伶俐,生性慈悲;蝉,无巢无穴,黍稷不享,不食污秽之物,高洁不群。"

假托汉灵帝为任氏女命名"貂蝉",可谓神来之笔。

那么,正史有没有关于"貂蝉"的记载呢?一个字也没有。倒有"似乎"是貂蝉的人物出现。

《后汉书·董卓列传》:"王允与吕布及仆射士孙瑞谋诛卓。有人书'吕'字于布上,负而行于市,歌曰:'布乎!'有告卓者,卓不悟。三年四月,帝疾新愈,大会未央殿。卓朝服升车,既而马惊堕泥,还入更衣。其少妻止之,卓不从,遂行。"董卓进宫被李肃以戟刺,大呼:"吕布何在?"吕布回答"有诏讨贼臣",然后"应声持矛刺卓,趣兵斩之"。董卓的聪明"少妻"提醒他不要入宫,这个"少妻"是不是貂蝉?应该不是。如果是貂蝉,她肯定会千方百计地催促董卓进宫。

《三国志·魏书·吕布传》:"卓自以遇人无礼,恐人谋己,行止常以布自卫。然卓性刚而褊,忿不思难,尝小失意,拔手戟掷布。布拳捷避之,为卓顾谢,卓意亦解。由是阴怨卓。卓常使布守中阁,布与卓侍婢私通,恐事发觉,心不自安。"

这段记载有两点值得注意:一是董卓曾以戟掷吕布;二是吕布与董卓的侍婢私通,怕董卓发现,心里很不安。当然,这个"侍婢"也不会是貂蝉。因为吕布与她私通并未被董卓发现。董卓以戟掷吕布是因为他喜怒无常,而不是发现了吕布与侍婢有私。

命名"貂蝉",愿献身行"美人计",吕布与董卓的侍婢私通,董卓以戟掷吕布……这些七零八碎的记载,到了罗贯中笔下,就被组合、演绎成了曲折跌宕的"连环计","貂蝉"的形象由此脱胎换骨。

罗贯中惊鸿一瞥

西汉末以大司马、大司徒、大司空为三公。"三公"是社会最高官职,歌伎则处于社会最底层。司徒王允却将歌伎貂蝉请到上座,叩头便拜:"汝可怜汉天下生灵!"为何会出现如此不可思议的一幕?因为王允这时想的是:"谁想汉天下却在汝手中耶!"

作为拯救汉室衰微、黎民苦难的貂蝉,由此在《三国演义》中横空出世。

小女子承担如此重任,真是鸡毛都能飞上天。

董卓要废立汉帝,并州刺史丁原反对。董卓想对付丁原,可是丁原身边却有一个器宇轩昂、威风凛凛、手执方天画戟的义子吕布。谋士李肃便以三寸不烂之舌,送上赤兔马、黄金、明珠、玉带，替董卓收买了吕布。吕布砍下丁原首级，献给董卓，认董卓为义父，受封骑都尉、中郎将、都亭侯。吕布虽然被张飞当面骂为"三姓家奴"，却武艺过人，有万夫不当之勇。董卓有了吕布，如虎添翼，威势莫比，他以鸩酒毒杀已经被废的汉少帝；他引军出城杀社赛村民，车下悬头千余颗，车载妇女、财物，扬言杀贼而回；他为迁都，派铁骑五千，斩洛阳数千富户，取其金赀，驱洛阳数百万居民远赴长安；他以"尚父"自诩，祸国殃民，满朝文武，稍有正义感者都恨得牙痒。曹操谋刺董卓，失败逃亡；袁绍带十八路诸侯讨伐董卓，也未奏凯歌。董卓越加飞扬跋扈。朝廷重臣聚饮时，吕布对董卓附耳说几句话，董卓立即下令抓住司空张温，转眼工夫，张温血淋淋的头颅就被端了上来……

董卓倒行逆施，司徒王允坐不安席，深夜在花园仰天垂泪。忽听歌伎貂蝉长吁短叹，王允以"贱人"呼之斥问。貂蝉回答："妾蒙大人恩养，训习歌舞，优礼相待，妾虽粉身碎骨，莫报万一。近见大人两眉愁锁，必有国家大事，又不敢问。今晚又见行坐不安，因此长叹。不想为大人窥见。倘有用妾之处，万死不辞！"

一席话，使得《三国演义》中的貂蝉与元杂剧、《三国志平话》中的貂蝉有了天壤之别：她是关心国家大事的；她愿意为国家万死不辞。一个小歌伎有什么能力帮助司徒处理国家大事呢？貂蝉大概想不出，但她有"过河小卒"之心就够了。高贵的王司徒立即跪到小歌伎面前："百姓有倒悬之危，君臣有累卵之急，非汝不能救也。"然后告诉貂蝉欲用连环计"令布杀卓"，貂蝉慨然应诺:"望即献妾与彼。妾自有道理。"好一个"自有道理"!什么道理?心思缜密、巧妙执行"美人计"的道理,不计个人得失、将"美人计"执行到底的道理。

罗贯中笔下的王允颇有语言天赋。他对吕布说貂蝉是他的天真烂漫的"小女";对董卓则说貂蝉是色艺俱佳的"乐童"。"小"和"童",既容易让人怜香惜玉,也容易让人不设防。毛宗岗批评本《三国演义》中,王允对董卓介绍貂蝉是"歌伎",我认为是败笔。"童"是未雕璞玉,"伎"却可能不够纯洁。苏联作家马卡连柯曾经说过:"一个用得其所的字,能给人以力。"罗贯中的文字真是针针见血。

貂蝉也玩上变脸魔术,她对吕布,是含情脉脉的怀春少女;对董卓,则是妖媚入骨的得宠少姬。她巧妙地周旋于虎狼父子之间,渐渐离间原本以利益为纽带的"父子"关系:

"卓方食,布偷目窃望,见绣帘内一女子往来观觑,微露半面,以目送情。布知是貂蝉,神魂飘荡。卓见布如此光景,心中疑忌,曰:'奉先无事且退。'布怏怏而出。

"董卓自纳貂蝉后,为色所迷,月余不出理事。卓偶染小疾,貂蝉衣不解带,曲意逢迎,卓心愈喜。吕布入内问安,正值卓睡。貂蝉于床后探半身望布,以手指心,又以手指董卓,挥泪不止。布心如碎。卓朦胧双目,见布注视床后,目不转睛;回身一看,见貂蝉立于床后。卓大怒,叱布曰:'汝敢戏吾爱姬耶!'"

同样以美色相诱,貂蝉对吕布和董卓采用了不同的勾魂术。

第五章
貂蝉：亦真亦幻的身世

对吕布，貂蝉大演"美女爱英雄"的悲情戏：王允给吕布密送嵌着明珠的金冠引他登门致谢。貂蝉"艳妆而出"，王允命"小女"与吕布把盏。貂蝉立即与吕布"眉来眼去"，听说王允把她送给吕布做妾，越加"秋波送情"。景仰大英雄的痴情少女大概算是"本色演出"。因为戴束发金冠、披百花战袍、系狮蛮宝带的吕布确实算个帅哥。董卓将貂蝉带回府中。次日，吕布前来偷觑，"貂蝉故蹙双眉，做忧愁不乐之态，复以香罗频拭泪眼"，好一副被侮辱、被损害的可怜相！这是她在用形体语言向吕布再送秋波。待貂蝉分花拂柳，宛如月宫仙子来到凤仪亭，她边哭边对吕布"诉衷肠"："自见将军，许侍箕帚，妾已平生愿足。""此身已污，不得复事英雄；愿死于君前，以明妾志！""妾度日如年，愿君怜而救之。"然后，她还用激将法："君如此惧怕老贼，妾身无见天日之期矣！""'妾在深闺，闻将军之名，如雷灌耳，以为当世一人而已；谁想反受他人之制乎！'言讫，泪下如雨。"痴情女爱大英雄爱得死去活来，痴情女乐意为大英雄去死，真是演得活灵活现！

对董卓，貂蝉则大演"少姬慕权势"的艳情戏：凤仪亭上，貂蝉忽悠完吕布，"手攀曲栏，望荷花池便跳"，两人纠缠间，恰好被赶过来的董卓看见。董卓气喘吁吁地追杀吕布后，唤貂蝉责问道："汝何与吕布私通耶？"貂蝉立即将向吕布表示"忠贞爱情"的跳荷池，解释为"见其心不良，恐为所逼，欲投荷池自尽"。一个假意跳荷池的动作，被貂蝉派上了双重用场，既对"儿子"表"爱情",又对"老子"表"忠心"。眼睛一眨,老母鸡变鸭,何等伶俐巧妙!

这个花季少女太懂不同层级的男人的心理需求了!她知道吕布需要"英雄崇拜",董卓需要"权势崇拜",于是"看人下菜碟",给这对"父子"奉上一盘又一盘"崇拜大餐"。把这对"父子"迷得晕头转向是貂蝉执行"美人计"的关键。

当然,董卓身边也有头脑清醒的。董卓追杀吕布,被李儒撞见。李儒引经据典,晓以利害:"今貂蝉不过一女子,而吕布乃太师心腹猛将也。太师若就此机会,以蝉赐布,布感大恩,必以死报太师。"董卓身边看来不缺类似貂蝉的美人,他居然对貂蝉说:"我今将汝赐与吕布,何如?"貂蝉表演得越加精彩:"大惊,哭曰:'妾身已事贵人,今忽欲下赐家奴,妾宁死不辱!'遂掣壁间宝剑欲自刎……倒于卓怀,掩面大哭曰:'此必李儒之计也!儒与布交厚,故设此计;却不顾惜太师体面与贱妾性命。妾当生噬其肉!'""挚爱"的将军变成不齿的家奴,貂蝉此举很难得。对她来说,嫁给都亭侯,郎才女貌,终身有靠,是多么理想的结局。只是如果那样做,王允的惊天大计就付之东流了!貂蝉为"大我"牺牲"小我",何等胸襟!李儒仰天长叹:"吾等皆死于妇人之手矣!"事实果然如此!

貂蝉忍辱负重,王允运筹帷幄,十八路诸侯不曾扳倒的董太师轰然倒下,后人叹曰:"司徒妙算托红裙,不用干戈不用兵。三战虎牢徒费力,凯歌却奏凤仪亭。"

貂蝉的天方夜谭

貂蝉到底美到什么程度？罗贯中用两首诗词描写她的舞蹈："原是昭阳宫里人，惊鸿宛转掌中身，只疑飞过洞庭春。按彻《梁州》莲步稳，好花风袅一枝新，画堂香暖不胜春。""红牙催拍燕飞忙，一片行云到画堂。眉黛促成游子恨，脸容初断故人肠。榆钱不买千金笑，柳带何须百宝妆。舞罢隔帘偷目送，不知谁是楚襄王？"然后，描写貂蝉的歌声："一点樱桃启绛唇，两行碎玉喷《阳春》。"

说实在话，从这些诗词，我还真看不出貂蝉美在什么地方，看来大作家罗贯中描写女性之美远不及才高八斗的曹子建（植）。也可能在罗贯中心中，貂蝉之美，既不及江东"二乔"，也不及后来魏文帝的皇后甄氏。幸亏，两个痴迷者对貂蝉的美起了烘云托月之功：吕布见到貂蝉始终是失魂丧魄；见过无数美女的董卓也感叹貂蝉"真神仙中人也"。

《三国演义》是数百位古典小说人物的精彩画卷。相比诸葛亮、曹操等主要人物，貂蝉这个人物只算惊鸿一瞥。但是，《三国演义》居然让中国小说中的虚构人物跻身"四大美女"之列，真是不简单！

罗贯中是以陈寿《三国志》及裴松之注为基础，以元杂剧及《三国志平话》等为参照，创作《三国演义》的，他对原名任红昌、后被汉灵帝命名的貂蝉，应该耳熟能详。那么，他为何不采用《锦云堂暗定连环计》和《三国志平话》中貂蝉为"吕布结发妻"的定位，而把她构思成与吕布素不相识、年方二八的少女呢？

小说巨匠自然有其道理。我妄自揣测一番：

一、王允知道貂蝉原是吕布之妻，还有何必要派她行"连环计"？他将貂蝉送还吕布，让她给吕布吹枕头风把董卓给杀了，岂不更加便捷？

二、王允明知貂蝉乃吕布之妻，却拆散人家夫妻，派良人妻去迷惑董卓，有长者风度吗？

三、如果貂蝉本是吕布之妻，老夫老妻相逢，对吕布这种见一个爱一个的好色之徒，能引起他多大激情去杀董卓？

天才小说家总会独辟蹊径。罗贯中让"本是夫妻"的吕布、貂蝉变成"陌生化"相遇，变成战场悍将与豆蔻少女"一见钟情"，这才有了貂蝉的娇羞娇嗔、"爱慕英雄"、"身陪董卓心恋布"，有了吕布的惊艳、痴迷、神魂颠倒、为色忘义等一系列既生动精彩又合情合理的情节；这才使得《三国演义》第八回《王司徒巧使连环计　董太师大闹凤仪亭》，成为后世戏剧百演不厌的取材来源。

可惜罗贯中只把貂蝉当作政治斗争的小棋子，她完成"美人计"后，就变成了寻常妇人。董卓被杀，吕布到郿坞"先取了貂蝉"。貂蝉就此再无胆略，再无风采，无声无息，甚至还与吕布之妻严氏一起，成了拖吕布后腿的角色。吕布被杀后，貂蝉去哪儿了？唉，她爱去哪去哪，人家罗贯中有更重要的政局风云得写，哪还顾得上她？

高希希版《三国》中，吕布兵败而死，貂蝉自刎而亡。貂蝉为吕布殉情，离谱不？我曾请教央视版《三国演义》的导演王扶林：

第五章
貂蝉：亦真亦幻的身世

"你们央视版《三国演义》，吕布杀死董卓后，是让貂蝉悄然消失还是自杀？"王导演回答："含糊其辞，留下悬念，由观众想象。"

其实，对貂蝉的天方夜谭般的想象，早就在进行了，最离谱的是，连关羽都和她挂上钩啦。

各地方戏都有貂蝉剧目，如《吕布与貂蝉》《吕布戏貂蝉》《凤仪亭》《刺董卓》《连环计》《小宴》等，基本都依据罗贯中的《三国演义》。这些戏，剧情和台词或许是次要的，主要是看表演者的唱、念、做、打。吕布的翎子功、貂蝉的水袖功都是看点。

不过，这些剧目仍然是"连环美人计"，仍然是演绎《三国演义》，没啥新鲜玩意儿，而将关羽与貂蝉联系上，就绝了。与貂蝉、吕布的"夫妻说"一样，关羽与貂蝉其实也是被罗贯中舍而不用的"传统回目"。

关羽与女色有无牵扯？有。据正史记载，关羽曾想娶吕布部将秦宜禄之妻。《三国志·蜀书·关羽传》引《蜀记》载：曹操与刘备围吕布于下邳时，关羽请求曹操：打败吕布后，让我娶其部将秦宜禄之妻。曹操答应了。吕布将败，关羽又向曹操请求几次。曹操怀疑秦宜禄之妻有异色，便先派人将她迎到自己这里，一看，果然美丽，于是留下自己享用，"羽心不自安"。元杂剧《关大王月夜斩貂蝉》的剧情则是：曹操欲以美色迷惑关羽为自己效力，吕布被杀后，便派貂蝉去引诱关羽。关羽心如磐石，杀死了貂蝉。

关羽是何等样人？我特别欣赏《三国演义》中的这段话：

赤面秉赤心、骑赤兔追风，驰驱时、无忘赤帝。

青灯观青史、仗青龙偃月，隐微处、不愧青天。

罗贯中为关羽定位为不近女色、不欺暗室。曹操故意让他与二位嫂嫂共居一室，关羽秉烛户外，通宵达旦。罗贯中刻意回避关羽与女人的纠葛，不仅不用《蜀记》中关羽想娶别人妻的故事，也不用关羽月下斩貂蝉的故事。关羽，乃天神也，岂能用儿女情长来唐突他？

不过，好事的剧作家还是会拿关羽与貂蝉大做文章，花样百出。

他们或者写关羽从吕布手中得到貂蝉后，夜读《春秋》，觉得女人是祸水，于是为了自己一世英名，杀了貂蝉；或者写关羽本不想斩貂蝉，是他的青龙偃月刀倒下砍死了她；或者写貂蝉向关羽痛说为汉室除害经历，赢得关羽爱慕，貂蝉为爱惜关羽英名而拔剑自刎；或者写关羽怜香惜玉，护貂蝉逃走，曹操派人追捕，貂蝉为保护关羽名声而触剑身亡；或者写关羽放貂蝉出家为尼，貂蝉吃斋念佛，以"佚名"方式写下杂剧《锦云堂暗定连环计》，这样一来，《锦云堂暗定连环计》居然成了虚构人物所写……

还有更离谱的：关羽纳貂蝉为妾，不久因此走了麦城。真是不把貂蝉跟关羽扯到一块儿不甘心！

这些作家这么写关羽和貂蝉，到底想干什么？

为了给被亿万民众尊称为"关公"的红脸将军佛头加秽？

为了给毛宗岗对貂蝉"巾帼女将军"的评价狗尾续貂?

可是,不管哪位作家另出奇招,天马行空地描写貂蝉,最有影响的还是《三国演义》中的貂蝉。

貂蝉和概念化描写

《三国演义》除在塑造诸葛亮这个人物时有缺憾外,其他人物的缺憾也不少,貂蝉更是成为中国古代"四大美女"中最概念化和缺乏魅力的一位。

中国古代有所谓"四大美女"的约定俗成,但是,如果综合考察一下,就会发现,《三国演义》中的貂蝉作为"四大美女"之一,最为缺乏个性和光彩。

貂蝉跟西施一样是"美人计"的实施者,但她却没有《浣纱记》中所表现的西施爱国与爱情不可兼得的苦闷。西施虽然在吴宫被专宠,却一心一意地想念着她和范蠡在溪水边浣纱定情,唱着"飞梦绕浣纱溪口",总想回到越国,回到恋人身边,而貂蝉却一点儿这样的个人情感都没有,她只是王允行"连环计"的工具。

貂蝉跟王昭君一样,都是被迫和自己也不一定爱的人生活,但她却没有显露出先侍董卓、后随吕布的复杂内心,而王昭君不管是塞外和亲还是留在宫廷,内心都有斗争,还有出塞的悲切,以及嫁给父子两代异族之主的苦楚。

貂蝉当然更没有杨贵妃那样的宫廷吃醋的精彩生活场景。

我一直在想，罗贯中这个大小说家对于这样一个本来十分重要的女性竟然忽略到这种地步：在"曹孟德许田射鹿"的情节里，曹操杀吕布后，把吕布的妻子儿女还有貂蝉带回许都，一句"操将吕布妻小并貂蝉载回许都"（嘉靖本《三国演义》）就交代了中国古代"四大美女"之一的下落！貂蝉的结局到底是什么？她是成了曹操身边的一个侍妾，还是被曹操作为一件礼品送给哪个部下了？一句交代也没有。

为什么不能想象貂蝉像杨玉环那样"宛转蛾眉马前死"？

为什么不能想象貂蝉像西施那样有神秘的生死之谜？

为什么不能想象貂蝉像王昭君那样忍受着心灵的痛苦？

在罗贯中看来，这些想象一点儿必要也没有，因为貂蝉的任务已经完成了。

罗贯中对女性的忽视由此可见一斑。实际上他就是不想把貂蝉当作有血有肉的人物来写，仅仅把她当作政治斗争的筹码，当作在政治斗争中担任一定角色的优孟衣冠，离间董卓、吕布的使命一完成，她就得赶快退出舞台。

除了貂蝉，还有几位本来能够好好做文章的女性也都没被罗贯中充分利用，写得相当概念化、简单化。

曹丕和甄氏的故事、蔡文姬归汉的故事，本来都可以写得有声有色，却被罗贯中忽略了。其实在六朝小说《拾遗记》中，关于曹丕和他所爱的美人薛灵芸已有生动细致的描写，还有贾宝玉所谓"曹子建胡说"的《洛神赋》,都是绝好的材料,以罗贯中的大手笔,是能把曹丕与甄氏的故事写得更好的,但是他的关注点显然不在"儿女情长"上面。

一代才女蔡文姬的故事更是有不少文章好做。《三国演义》写祢衡击鼓骂曹,写孔融被曹操杀害,甚至写到孔融的两个聪明孩子在父亲被杀时的表现,也就是"覆巢之下,安有完卵"成语的来历。而蔡文姬,论文学创作成就,不比孔融、祢衡差,罗贯中应该用差不多的笔墨把她的故事也写一下,哪怕一两千字也可以,但他却有意回避对古代名列前茅的才女蔡文姬的描写。是的,我说他是"有意回避"。难道不是吗?一代才女蔡文姬多少年都想不出父亲留下的"绝妙好辞"的字谜,偶然来访的杨修和曹操就先后解出来了,岂不是咄咄怪事?而这恰好是《三国演义》处理人物的重要特点:如果女性不能构成对男性的一种考验、一种烘托,她就没有存在的必要!

蔡文姬是这样,刘备的几个妻子是这样,赵云遇到的樊氏也是这样。对于她们,罗贯中的笔墨都十分节省,但是,失传的史书中只有一句"进貂蝉以惑其君"的记载却被改编成了"连环美人计"的故事。

罗贯中在利用历史资料创作人物时,十分明显地把握住了以男性为中心的尺度。

刘备在《三国志》中并没有妻子是衣服的"高论",罗贯中却大书特书。

关羽在《三国志》及裴松之注中并没有千里走单骑、与二位嫂子相处之事,罗贯中却大力渲染;几部正史记载的关羽曾经因为美人而与曹操产生矛盾的事情,他则坚决弃之不用。

赵云在裴松之《云别传》中的"拒亲"是这样写的:赵范欲以寡嫂嫁云,云辞曰:"相与同姓,卿兄犹我兄。"意思是:你跟我同姓,你的兄长就似我的兄长,我不能娶嫂子。有人劝赵云接纳樊氏,赵云说:"范迫降耳,心未可测;天下女不少。"罗贯中却让赵云说出"大丈夫只患功名不立,何患无妻"的大道理,这当然是塑造"赵云为真丈夫"的需要。

或许有人会和我辩论:你从《三国演义》中挑出来的这些所谓"毛病",不过是《三国演义》这部伟大的历史演义小说对女性合理而无可厚非的处理。这就是1993年香山中国古代小说国际研讨会上男专家说过的话,但是,问题随之而来:刘备、关羽、赵云等在对待女性问题上充满宋代理学观念,还像是三国时的人吗?

胡适曾说过,历史是任人打扮的姑娘。我常琢磨,小说人物,包括历史小说的人物,难免是小说家随意捏造的泥人。《三国演义》在女性话题上本应仔细描写,却只做了概念化处理,会不会就是因为罗贯中这位最伟大的历史演义作者在天才地广泛利用历史资料的同时,在笔歌墨舞地描写风云际会、描写英雄豪杰、描写动人的一场场大战的同时,一不小心,将男权霸语落到三国人物,尤其是女性人物身上了?

第六章

杨贵妃：回眸一笑百媚生

唐玄宗开元强弩之末

封建社会，君权至上，皇帝是什么样，甚至决定历史进程。好皇帝，会带来社会安宁、经济繁荣、黎民福祉；差皇帝，会导致社会动乱、经济凋敝、百姓遭殃。而皇帝不是一成不变的，雄才大略的皇帝也可能变成卿卿我我的"情圣"，知人善任的皇帝也可能变成信任奸佞的昏君。皇帝身边的女人，同样起着重要的作用。从开元之治到安史之乱，唐玄宗经历了从励精图治到昏庸淫乐，从治国英主到逃亡皇帝的过程。大唐王朝也从繁荣昌盛到一蹶不振，世界文化中心长安变成满目凄凉的断壁颓垣。元稹《连昌宫词》发出这样的疑问："太平谁致乱者谁？"

将太平盛世引向动乱，奸相有责，造反蕃将有责，皇帝也有责。而杨贵妃有没有责任，或者说应负什么责任？我们先从史料谈起。

唐玄宗李隆基（685—762），后世又称"唐明皇"，曾是一位锐意进取、有所作为的皇帝。他是武则天的嫡孙。据郑綮《开天传信记》记载，李隆基为皇孙时，神采英迈，曾在朝堂上训斥武攸暨："朝堂，我家朝堂，汝得恣蜂虿而狼顾耶！"武则天听到之后大为惊异，说："此儿气概，终当为吾家太平天子也。"武则天退位后，发生了皇权之争。唐睿宗李旦懦弱无能，既靠儿子临淄王李隆基冲锋陷阵，又靠胞妹太平公主运筹帷幄。李旦即位，太平公主权比人主、预议大政、进退官吏，她还想废太子。唐睿宗对她言听计从。唐睿宗传位李隆基，自己做太上皇之后，仍掌管三品以上官员的任命。唐玄宗即位，太平公主仍然权势熏天，七位宰相，四出其门。唐玄宗发现太平公主将作乱，便果断地除掉太平公主一党，赐死姑母，把大权从太上皇的手中彻底夺过来。

李隆基在位四十余年（712—756），他登基时，唐睿宗给他留下个烂摊子。他"依贞观故事"，按照唐太宗的办法治国，先后起用姚崇、宋璟、张九龄等名相。姚崇被称为"救时宰相"，宋璟刚正不阿，张九龄忠诚敢谏。在几个好宰相的帮助下，唐玄宗务修德政，政简刑清，赋役宽平，限制豪强，兴修水利，"官不滥升，才不虚授"（《唐会要》），文治武功取得了突出成就。杜甫《忆昔·其二》写道："忆昔开元全盛日，小邑犹藏万家室。稻米流脂粟米白，公私仓廪俱丰实。九州道路无豺虎，远行不劳吉日出。齐纨鲁缟车班班，男耕女桑不相失。"俨然一幅路不拾遗、夜不闭户、文明昌盛的小康景象。开元盛世是封建社会最繁盛的时期之一。

唐玄宗精力充沛，妃嫔多，子女多。他有三十个儿子，二十九个女儿。他的后宫有多少妃嫔呢？《旧唐书·列传第一·后妃上》云：

第六章
杨贵妃：回眸一笑百媚生

"唐因隋制，皇后之下，有贵妃、淑妃、德妃、贤妃各一人，为夫人，正一品；昭仪、昭容、昭媛、修仪、修容、修媛、充仪、充容、充媛各一人，为九嫔，正二品；婕妤九人，正三品；美人九人，正四品；才人九人，正五品；宝林二十七人，正六品；御女二十七人，正七品；采女二十七人，正八品……"有品有级的后宫女子一百多人，都受过唐玄宗临幸。据历史记载，唐玄宗后宫达上万人，安史之乱后，白头宫女还在兴致勃勃地"说玄宗"。

唐玄宗一生，只有一个皇后，是做临淄王时娶的。王皇后无子，开元十二年（724）因"符厌事件"被废黜，此后唐玄宗不再册立皇后。但他还有两个相当于皇后的女人，先是武惠妃，后是曾经的儿媳杨贵妃。

开元中，唐玄宗立惠妃、丽妃、华妃，其中最得宠的是武惠妃。武惠妃在唐玄宗刚登帝位时入宫，开元初年备受宠爱。王皇后被废之后，武氏被"特赐号为惠妃，宫中礼秩，一同皇后"，母亲封郑国夫人，兄弟均为朝廷显官。据新旧《唐书》记载，武惠妃生的男孩、女孩都活不长，唐玄宗第十八个儿子出生时，为了让他安全长大，便放到其长兄宁王李宪家，由宁王妃抚养，后来被封为寿王，就是杨玉环的丈夫。开元二十一年（733），张九龄拜相。唐玄宗在位日久，渐渐骄奢。张九龄正直敢言，遇事常与唐玄宗据理力争。河西节度使牛仙客目不识丁，唐玄宗欲封其为尚书，张九龄谏止。唐玄宗为取悦武惠妃，欲废太子李瑛，立寿王李琩为太子。张九龄又极力谏止。吏部侍郎李林甫以保护寿王为由，与武惠妃交结，对张九龄百般中伤，终于取而代之，登首辅之位。

开元二十五年（737）四月，唐玄宗废太子李瑛为庶人，并把他和另外两个儿子一起赐死。只是"人算不如天算"，唐玄宗还没来得及立武惠妃的儿子李珺为太子，武惠妃就在太子死后几个月产后血崩，于当年十二月去世。这位唐玄宗最宠爱的女人在这二十年间已给大唐预伏了危机。奸相李林甫就是由武惠妃引狼入室的，他就是历史上"口蜜腹剑""立仗马"等成语典故的当事人。

据《旧唐书》《唐大诏令集》《资治通鉴》等记载，开元二十三年（735），十七岁的杨玉环被册封为寿王妃。开元二十五年十二月，武惠妃去世。唐玄宗痛悼不已，"后宫数千，无当意者"（《资治通鉴·唐纪》）。高力士推荐：寿王妃绝世无双。开元二十八年（740），杨玉环二十二岁，唐玄宗五十六岁。唐玄宗让寿王妃自请出家做女道士，然后暗度陈仓，一步步将她弄到宫中……

寿王李珺成了天下头号倒霉蛋：亲娘死了，太子之位丢了，媳妇也被亲爹抢走了。他一个人倒霉倒也罢了，可悲的是整个朝政也开始发生变化。

"云想衣裳花想容"

杨贵妃比西施、王昭君幸运，她的美丽有幸被大诗人李白就近观察、描写。

李白看到杨贵妃，即兴命笔《清平调词三首》：

其 一
云想衣裳花想容,春风拂槛露华浓。
若非群玉山头见,会向瑶台月下逢。

其 二
一枝秾艳露凝香,云雨巫山枉断肠。
借问汉宫谁得似,可怜飞燕倚新妆。

其 三
名花倾国两相欢,长得君王带笑看。
解释春风无限恨,沉香亭北倚栏干。

大诗人写大美女,写得形象生动,朗朗上口。

唐人李濬《松窗杂录》记述了一段李白赋诗的真实情况:开元年间,皇宫中栽植了很多牡丹,共有四种颜色:红、紫、浅红、纯白。唐玄宗命人将牡丹移植到兴庆池东沉香亭前面。牡丹盛开时,唐玄宗乘着月色清明,召杨贵妃坐车来赏牡丹花,下令皇宫乐队选歌曲演唱。当时李龟年的歌唱在全国首屈一指,他手拿着打板,领着乐队,到唐玄宗和杨贵妃跟前打算演唱原有的歌词。唐玄宗说:"赏名花,对妃子,怎么可以用旧乐词?"于是下令李龟年持金花笺宣赐翰林学士李白进宫,让他用《清平调》填词三章。李白到来,欣然奉旨填词。当时李学士虽然喝得大醉,却提笔就写,把"名花倾国"写得雍容华贵,仪态万方。李龟年把李白的《清平调词三首》呈给唐玄宗看,唐玄宗立刻命梨园弟子将李白词配乐演奏,然后叫李龟年歌唱。杨贵妃高兴地斟上西凉葡萄酒,唐玄宗亲自吹玉笛伴奏,每一曲末尾,他都故意重复最后一句,为了让杨贵妃高兴。杨贵妃喝完葡萄酒,再三拜谢唐玄宗。

唐玄宗的日子过得多么滋润啊!御园花盛,丝竹盈耳,带着倾国倾城的美人,对着艳冠群芳的名花,还有当时最了不起的大诗人凑趣填新词,每一句都是在写艳冠群芳的牡丹,每一句也都是在恭维倾国倾城的贵妃,顺便还歌颂了皇恩浩荡。老皇帝大概乐得都找不着北了。

唐玄宗对于音乐、舞蹈、戏曲造诣精湛,在古代帝王中是绝顶高手。《旧唐书·音乐志》曾记述,太常乐工子弟三百人奏乐,有一人出错,唐玄宗能立即听出来。他能作曲,能指导排演大型歌舞《倾杯乐》《太平乐》《上元乐》,还能排演舞马。据《唐会要》记载,唐朝歌舞的集大成之作《霓裳羽衣曲》,就是天宝十三载(754)唐玄宗根据天竺《婆罗门曲》改编的,风靡一时,成为华夏音乐舞蹈史的璀璨明珠。

据新旧《唐书》记载,杨贵妃"姿色冠代""姿质天挺",特别有音乐才能,她擅长吹长笛、击玉磬、弹琵琶,专业乐工都比不上她。唐玄宗还在骊山为她建造了一座华丽别致的"吹笛楼"。郑处诲《明皇杂录》记载:"贵妃每抱是琵琶奏于梨园,音韵凄清,飘如云外。"诸王及贵夫人竞相为贵妃琵琶弟子。《开天传信记》记载:"太真妃最善于击磬,拊搏之音,泠泠然新声。虽太常梨园之能人,莫能如也。"唐玄宗专门为杨贵妃采集蓝田绿玉琢为玉磬,精工神妙,为天下之最。杨贵妃还是历史上数得着的宫廷舞蹈家,会跳各种高难度的舞蹈。天宝十载(751),有一天,唐玄宗不太高兴,结果杨贵妃跳了《霓裳羽衣曲》,他立刻兴高采烈。《开天传信记》:"皇情不悦。妃醉中舞《霓裳羽衣》一曲,天颜大悦,方知回雪流风,可以回天转地。"杨贵妃还擅长跳少数民族舞蹈,她戴着翡翠花冠跳快速多变的胡旋舞,玉臂轻舒、黄裙飘飞,沉湎于音乐中的面庞如花朵般艳美,柔美丰满的身躯婀娜多姿。唐玄宗为之倾倒,从乐工手中接过鼓槌,忘乎所以地给杨贵妃击鼓伴奏。

唐玄宗自称他和杨贵妃是"被底鸳鸯",说"妃子聪惠",还创造了一个新词:"解语花",说杨贵妃是会说话的鲜花。杨贵妃还能写诗,《太平广记》引了一首她赠侍儿张云容的诗:"罗袖动香香不已,红蕖袅袅秋烟里。轻云岭上乍摇风,嫩柳池边初拂水。"(《阿那曲》)

杨贵妃擅长辞令,而且"终日无鄙言",从不说一句缺乏修养的话。她总能察"上意",也就是观察唐玄宗有什么意图,并且不露痕迹、恰到好处地迎合。关于杨贵妃的机敏过人、善迎皇帝,段成式《酉阳杂俎》曾记载过这样一件趣事:唐玄宗与亲王下围棋,杨贵妃抱着康国进贡的小狗观战。她发现唐玄宗将输,就将拜占庭哈巴狗放到棋盘上。棋局大乱，唐玄宗大乐。《长恨传》也形容杨贵妃不仅长得美，而且特别聪明伶俐，唐玄宗有什么意图，她都能预知，并加以逢迎，结果最得唐玄宗宠爱。杨贵妃"非徒殊艳尤态致是，盖才智明慧，善巧便佞，先意希旨，有不可形容者"，"由是冶其容，敏其词，婉娈万态，以中上意，上益嬖焉。时省风九州，泥金五岳，骊山雪夜，上阳春朝，与上行同辇，止同室，宴专席，寝专房"。有了杨贵妃，老皇帝高兴得像个孩童。王仁裕《开元天宝遗事》有个关于"风流阵"的记载：唐玄宗与杨贵妃每至酒酣，就玩攻战游戏。杨贵妃统宫女百余，唐玄宗统太监百余，排两阵于宫廷，攻击相斗，败者大杯罚酒。

杨贵妃曾两次被唐玄宗逐出皇宫。据乐史《杨太真外传》，天宝五载（746），杨贵妃"以妒悍忤旨"，被送还杨宅；天宝九载（750），杨贵妃"窃宁王紫玉笛吹"，又忤旨被放还。第一次是杨贵妃嫉妒，第二次像是唐玄宗嫉妒。杨贵妃聪明地将头发剪下来让人捎给唐玄宗。唐玄宗本来就受不了杨贵妃的离去，青丝诱发情丝，立即派人将她接回皇宫。

杨贵妃年轻美貌、温文尔雅、能歌善舞、善解人意……作为后宫女子，她具备所有帝王喜欢的"美德"，连后宫女子最"致命"的弱点——不曾生育和善妒——都成了她的专宠利器，所以"三千宠爱在一身"。

唐玄宗与杨贵妃，老夫少妻，可谓少有的宫廷爱情神话——如果没有安史之乱。

从"皆列土"到皆归土

从开元二十四年(736)李林甫独揽宰相大权,到天宝四载(745)册封杨玉环为贵妃,十年之间,效法尧、舜的明君唐玄宗逐渐变成一个沉迷声色的昏君。

关于杨玉环封贵妃,《旧唐书·列传第一·后妃上》记载:"宫中呼为'娘子',礼数实同皇后。""(贵妃)有姊三人,皆有才貌,玄宗并封国夫人之号:长曰大姨,封韩国;三姨,封虢国;八姨,封秦国。并承恩泽,出入宫掖,势倾天下。……开元已来,豪贵雄盛,无如杨氏之比也。"《旧唐书》还记载,唐玄宗游幸,必由杨贵妃陪同;宫中给她织锦刺绣的七百人,雕刻熔造的几百人;"玄宗每年十月幸华清宫",杨氏姊妹五家扈从,"每家为一队",每队"着一色衣,五家合队",色彩斑斓,"照映如百花之焕发",一路上丢下的珠翠钗钿,晃人眼睛;杨国忠与虢国夫人这对名义上的兄妹,大模大样地同车而坐,亲亲热热,招摇过市;杨家三天一大宴,通宵达旦……据杂史记载,唐玄宗将幸华清宫时,贵妃姐妹竞相炫富,车子以金翠、珠玉装饰,一车之费不下十万贯。车太重,牛拉不动,唐玄宗令姐妹们骑马,杨氏姐妹又竞相买名马,"以黄金为衔勒,组绣为障泥","炳炳照灼,观者如堵"。当时"虢国夫人夜光枕、杨国忠锁子帐,皆稀代之宝,不能计其直"。(郑处诲《明皇杂录》)有一次,唐玄宗和杨贵妃演奏乐曲给秦国夫人听,唐玄宗以乐工身份要缠头(要赏)。秦国夫人说:"焉有

大唐天子阿姨无钱用耶?"遂赏三百万。(乐史《杨太真外传》)

杨玉环得宠,兄弟姐妹"皆列土"。缺德少才的赌棍酒鬼从兄杨国忠数年间官至宰相;从兄杨铦官鸿胪卿,杨锜官侍御史。杨家及韩、虢、秦三夫人的子女九人均与皇室结亲。杨氏家族成为玄宗朝最大的外戚集团,天宝后期左右政坛的最大势力。

杨氏兄妹又与安禄山挂上了钩。新旧《唐书》和《资治通鉴》都记载唐玄宗命"杨铦、杨锜、贵妃三姊皆与禄山叙兄弟"。安禄山要求做杨贵妃的干儿子,唐玄宗居然照准。天宝十载,宫廷中上演了一出"贵妃洗儿"的闹剧。三十三岁的养母杨贵妃命宫女用锦绣将四十九岁的养子安禄山包起来,用彩舆抬着,在皇宫游行。范阳节度使兼御史大夫安禄山成为杨贵妃的"禄儿",简直不伦不类、滑稽可笑。安禄山早有反心,却擅长装傻充愣,迷惑唐玄宗。据《开天传信记》记载,唐玄宗与杨贵妃召见安禄山时,安禄山总是不拜唐玄宗,只拜杨贵妃。唐玄宗问:"怎么回事?"安禄山回答:"胡人只知有母,不知有父。"唐玄宗再问:"你肚子这么大,里面有什么?"安禄山回答:"只有对您的一片赤心。"唐玄宗认为安禄山真诚,极其宠爱他,授以军事大权,给以丰厚待遇。据《资治通鉴》记载,唐玄宗命有司为安禄山在亲仁坊盖房子,"敕令但穷壮丽,不限财力",连厨房、马厩都以金银装饰。唐玄宗还说:"胡眼大,勿令笑我。"堂堂大唐皇帝居然还怕蕃将笑话他!安禄山由此"出入宫掖不禁,或与贵妃对食,或通宵不出,颇有丑声闻于外,上亦不疑也"。

杨国忠却与安禄山水火不容，他一再刺激安禄山，促使安禄山最终叛变。

关于安史之乱的起因，有研究者认为，是安禄山垂涎杨氏姐妹和唐玄宗豪华浪漫的生活；传统史家则都归于唐玄宗沉溺声色，不理政事，先后把国家大政委诸奸相李林甫与杨国忠所致。司马光《资治通鉴·唐纪三十二》："上晚年自恃承平，以为天下无复可忧，遂深居禁中，专以声色自娱，悉委政事于（李）林甫。林甫媚事左右，迎合上意，以固其宠；杜绝言路，掩蔽聪明，以成其奸；妒贤疾能，排抑胜己，以保其位；屡起大狱，诛逐贵臣，以张其势。自皇太子以下，畏之侧足。凡在相位十九年，养成天下之乱，而上不之寤也。"欧阳修《新唐书》："呜呼，女子之祸于人者甚矣！自高祖至于中宗，数十年间，再罹女祸，唐祚既绝而复续，中宗不免其身，韦氏遂以灭族。玄宗亲平其乱，可以鉴矣，而又败以女子。"赵翼《廿二史札记·唐女祸》："开元之治，几于家给人足，而一杨贵妃足以败之。"

安史之乱终于爆发。唐玄宗仓皇出逃，到马嵬驿，六军不发，杨氏一门皆归于泥土，包括花容月貌的杨贵妃。

其实杨贵妃直接干政只有一次。天宝十四载（755），安禄山造反，唐玄宗宣布御驾亲征，派太子监国。杨国忠大惊，太子一向与杨家不和，如果太子掌权，杨家肯定没好果子吃。杨国忠便派虢国夫人等进宫向杨贵妃哭诉。杨贵妃口衔土块跪到唐玄宗面前，表示如果不答应她的要求，她就进坟墓。杨贵妃向唐玄宗哀求：千万不要御驾亲征！这大概是杨贵妃干政的唯一史实。这次成功干政也给杨贵妃打开了阎罗殿的大门。陈玄礼在马嵬驿发动兵变，先杀死杨国忠，然后又以"贼本尚在"的理由，要求除掉杨贵妃，这些都是先征求了太子意见的。太子对杨氏家族早已恨之入骨。杨贵妃一死，太子李亨便北上宁夏，这既是平定安禄山，即皇帝位的好棋，也是保护自己脑袋的妙着。倘若太子留在唐玄宗身边，一旦老皇帝知道太子曾参与处死他的贵妃，准得把太子赐死。

《旧唐书·列传第一·后妃上》写唐玄宗从蜀中返回西安后，曾"诏令改葬"，被劝止，遂密令中使改葬，却发现杨贵妃"肌肤已坏，而香囊仍在"。唐玄宗命画工将杨贵妃的像画到细绢上，写下《王文郁画贵妃像赞》，"忆昔宫中，尔颜类玉"，拿着香囊"朝夕视之"。在流传于世的唐玄宗与杨贵妃的生死恋故事中，改葬、香囊、画像是相对比较真实的记载。唐、宋、元、明、清脍炙人口的诗歌、小说、戏曲中，其他情节大多是虚构的。

李白、杜甫笔下的杨贵妃

开元末天宝初，唐玄宗重用口蜜腹剑的李林甫和祸国殃民的杨国忠。政局对诗人产生了不小影响，孟浩然说"不才明主弃"（《岁暮归南山》），其实诗人虽有才却因为正直而被弃成了比较普遍的现象。宰相从开明的张九龄变成奸人李林甫、杨国忠，大多数有志报国的诗人渐渐失去"致君尧舜上"（杜甫《奉赠韦左丞丈二十二韵》）的机会。《明皇杂录》："天宝末，刘希夷、王泠然、王昌龄、祖咏、张若虚、张子容、孟浩然、常建、李白、刘眘虚、崔曙、杜甫，虽有文章盛名，皆流落不偶。"《明皇杂录》罗列的名单，可以说代表了半部唐代诗歌史。他们写诗表达自己的抱负和对政局的关心，批评唐玄宗，讽刺杨氏家族。安史之乱，马嵬之变，贵妃殒命，诗人们的最初态度，用山东俗话说是"活该"，而随着时间推移，诗人们痛定思痛，渐渐发现杨贵妃的罪责被过分夸大了，他们的同情之心于是越来越向杨贵妃倾斜。"诗仙"李白和"诗圣"杜甫都同情杨贵妃。

李白、杜甫都亲历过开元盛世和安史之乱，写下过关于杨贵妃的诗篇。李白曾在唐玄宗跟前得宠，自夸"文章献纳麒麟殿，歌舞淹留玳瑁筵"（《流夜郎赠辛判官》），还能与皇帝讨论政局，传下他和皇帝论政的佳话。李白恭维唐玄宗，认为他能任人唯贤，武则天则分不清贤和不贤。《开元天宝遗事》："明皇召诸学士宴于便殿，因酒酣，顾谓李白曰：'我朝与天后之朝何如？'白曰：'天后朝政出多门，国由奸幸，任人之道，如小儿市瓜，不择香味，惟拣肥大者。我朝任人如淘沙取金，剖石采玉，皆得其精粹者。'明皇笑曰：'学士过有所饰。'"在唐代，汉成帝皇后赵飞燕被看作古代宫廷美女的代表，李白奉旨填词《清平调》三章，用她来恭维杨贵妃："借问汉宫谁得似，可怜飞燕倚新妆。"李白在《宫中行乐词》中再次用赵飞燕比喻杨贵妃："柳色黄金嫩，梨花白雪香。……宫中谁第一，飞燕在昭阳。"鹅黄嫩柳和洁白梨花，既是写皇宫内苑的美景，也是形容肌肤白嫩、爱穿黄裙的杨贵妃。盛唐社会喜欢衣着暴露、"罗薄透凝脂"（白居易《杨柳枝二十韵》）的美人。华贵优雅、雍容明媚的杨贵妃堪称盛唐美人代表。李白赞美丰腴美丽的杨贵妃，是不是也带着点对昂扬的盛唐气象的讴歌？

"渔阳鼙鼓动地来"（白居易《长恨歌》），早已放归山林的李白用诗歌记载了安史之乱对唐王朝的摧残，《古风五十九首·其十九》："俯视洛阳川，茫茫走胡兵。流血涂野草，豺狼尽冠缨。"

盛唐诗人韦应物，天宝十载至天宝末年是唐玄宗近侍，常扈从游幸，随皇帝去骊山的路跑得很熟。他写过"与君十五侍皇闱，晓拂炉烟上赤墀。花开汉苑经过处，雪下骊山沐浴时"（《燕李录事》）。骊山在韦应物的诗中是大唐盛世到衰败的历史见证：盛世时，成千上万的骏马奔驰在原野上，云霞草木都似乎有光，"千乘万骑被原野，云霞草木相辉光"；一队队的彩旗排列，动人的音乐传遍四野，"羽旗旄节憩瑶台，清丝妙管从空来"；等到安史之乱发生，文武官员惊慌失措，人世沧桑，只有荒凉的古树陪伴着原来轻歌曼舞的宫殿，"干戈一起文武乖，欢娱已极人事变。圣皇弓剑坠幽泉，古木苍山闭宫殿"。（《骊山行》）韦应物的《长安道》把杨氏家族比作汉代外戚霍去病、卫青，淋漓尽致地描写他们的穷奢极欲，甲第连云，可以和皇宫相媲美，房屋装饰华丽，流苏合欢宝帐，明珠罗列，锦铺翠被，博山吐香，山珍海错，烹犊炰羔。遗憾的是，韦应物既没有歌咏也没有嘲讽杨贵妃。

杨家因杨贵妃得宠而鸡犬升天,杨氏姐妹豪华游春,杜甫与普通百姓一起围观,他看到她们穿着绣金饰银的服装,戴着昂贵的首饰,吃着皇宫送来的山珍海味,听着皇家乐队演奏的乐曲。面对国色天香的虢国夫人,杜甫没有李白式的审美趣味,反而更关注她们面前摆着的驼峰素鳞、身上的金银纱罗,这些都是靠民脂民膏堆起来的啊!忧国忧民的"诗圣"由此写出了传世之作《丽人行》:"三月三日天气新,长安水边多丽人。态浓意远淑且真,肌理细腻骨肉匀。绣罗衣裳照暮春,蹙金孔雀银麒麟。……就中云幕椒房亲,赐名大国虢与秦。紫驼之峰出翠釜,水精之盘行素鳞。犀箸厌饫久未下,鸾刀缕切空纷纶。黄门飞鞚不动尘,御厨络绎送八珍。箫鼓哀吟感鬼神,宾从杂遝实要津。后来鞍马何逡巡,当轩下马入锦茵。杨花雪落覆白蘋,青鸟飞去衔红巾。炙手可热势绝伦,慎莫近前丞相嗔!"杜甫在诗的结尾还含沙射影地写了杨氏兄妹乱伦之事:大家可不要靠近高雅的皇帝阿姨,人家所谓的"哥哥"、实际上的情人首辅大人杨国忠来了,他可不乐意有人亵渎他心爱的虢国夫人。

"诗圣"杜甫在写《丽人行》时,是不是已在思考外戚如此飞扬跋扈、骄奢淫逸,国家还能不能承受这类豪华靡费?在外戚莺歌燕舞、羊羔美酒的背后,老百姓过得怎么样?两年后,天宝十四载十一月,安史之乱迫在眉睫,杜甫由长安去奉先县探亲,途经骊山时,唐玄宗与杨贵妃正在骊山宴游。《自京赴奉先县咏怀五百字》对当时的社会现象做了深刻思考,他把杨家比作汉代的卫青、霍去病,他们穿着裘皮大衣,吃着山珍海味,看着轻歌曼舞,当皇帝与皇亲国戚寻欢作乐之时,老百姓却冻饿而死。这首诗写有这样的名句:"况闻内金盘,尽在卫霍室。中堂舞神仙,烟雾散玉质。煖客貂鼠裘,悲管逐清瑟。劝客驼蹄羹,霜橙压香橘。朱门酒肉臭,路有冻死骨。"最后两句是千古绝唱。

马嵬之变的第二年,至德二载(757)春,陷落于长安的杜甫偷偷来到曲江。曲江是大唐最著名的园林盛景,历史悠久,汉武帝时称"宜春苑",与慈恩寺塔相连。开元期间,唐玄宗重新疏浚曲江池,使这个地方成为贵族外戚游玩炫富的所在。文人金榜题名,皇帝会给其"雁塔题名"和"曲江赐宴"的待遇。安史之乱后,当年莺歌燕舞的曲江满目疮痍,安禄山叛军刀枪铿锵,文人仕女早已销声匿迹。杜甫面对破败不堪的昔日繁华游乐地,心中悲凉,联想到杨贵妃的悲剧命运,写下为大唐盛世和绝代佳人共洒同情之泪的著名诗篇《哀江头》:

少陵野老吞声哭,春日潜行曲江曲。
江头宫殿锁千门,细柳新蒲为谁绿?
忆昔霓旌下南苑,苑中万物生颜色。
昭阳殿里第一人,同辇随君侍君侧。
辇前才人带弓箭,白马嚼啮黄金勒。
翻身向天仰射云,一笑正坠双飞翼。

明眸皓齿今何在？血污游魂归不得。
清渭东流剑阁深，去住彼此无消息。
人生有情泪沾臆，江水江花岂终极！
黄昏胡骑尘满城，欲往城南望城北。

仇兆鳌分析道："此忆贵妃游苑事，极言盛时之乐。苑中生色，佳丽多也。昭阳第一，宠特专也。同辇侍君，受之笃也。射禽供笑，宫人献媚也。"（《杜诗详注》）杜甫对杨贵妃之死发出了"城门失火，殃及池鱼"的惋惜，他还提供了杨贵妃之死的悲惨细节：杨贵妃被白绫赐死后，又被愤怒的禁军士兵马踏遗体。后来，贾岛在《马嵬》里写道："一自上皇惆怅后，至今来往马蹄腥。"戏剧《唐明皇秋夜梧桐雨》写杨贵妃缢死后，护驾兵怕她没死，又将她的尸首马踏为泥。大概都是受到了杜甫"血污游魂"之句的影响。

诗人集体无意识地同情杨贵妃

清代辛师云《马嵬怀古十二首·其三》："深宫漫焚夜明香，不管江山豢虎狼。坐使名花枉摧折，秋坟遮莫怨三郎。"他明确地把罪责归到唐玄宗身上，"坐使名花枉摧折"一句特别能表达历代诗人惋惜杨贵妃的"集体无意识"。

杨贵妃在安史之乱中殒命，是盛唐后很多诗人热衷的话题。诗人用民间传说，以天马行空的想象，做各种解释和演绎。感情丰富的诗人越来越同情杨贵妃。

刘禹锡《马嵬行》写道:"军家诛佞幸,天子舍妖姬。群吏伏门屏,贵人牵帝衣。低回转美目,风日为无晖。贵人饮金屑,倏忽舜英暮。"当六军不发,要求诛杀外戚家族时,唐玄宗不得不舍弃"妖姬",而杨贵妃却不肯死。人们从门缝看到,她拉着唐玄宗的衣袂苦苦哀求,美丽的眼睛最后一次向老皇帝卖弄风情,太阳都在这双美目前失去了光辉。但是,唐玄宗不得不让她死,杨贵妃只能吞服黄金,像朝开暮落的木槿花般凋零了。刘禹锡在马嵬驿兵变后十几年才出生,他是从什么地方得知,以什么历史资料为依据,来描写杨贵妃被赐死时的表现及唐玄宗的处死方式呢?只能是想象。刘禹锡还写杨贵妃死后,百姓来看被处死的贵妃,只见她"平日服杏丹,颜色真如故"。杨贵妃的华丽鞋子上的带子已经没了,但是鞋子上的珠子仍在闪烁,驿站的孩子取下她的袜子、香囊、指环、头饰,带进咸阳城,那里的胡商都为这些高级饰品而惊讶⋯⋯奇怪!唐玄宗悲痛万分地处死爱妃,肯定不会随意丢弃她的遗体,让人随便"参观",甚至还从遗体上摘取首饰送到西域商人手中。刘禹锡的《马嵬行》虽然写得生动精彩,却比小说还像小说。

杜牧《过华清宫绝句三首》中的第一首被选入了中学课本,诗中描写道:"长安回望绣成堆,山顶千门次第开。一骑红尘妃子笑,无人知是荔枝来。"从长安回望骊山全景,宫殿耸立,繁茂的林木有如团团锦绣。平日紧闭的宫门一道接着一道打开,是有什么紧急军情要向皇帝报告吗?骑着驿马的专使风驰电掣而来,身后扬起一团团飞尘,而美丽的贵妃嫣然一笑:她酷爱的荔枝来了!这首诗朗朗上口、精妙绝伦,千年间脍炙人口。同样是在骊山,同样是妃子一笑,不禁令人联想到"烽火戏诸侯"的典故。有论者认为此诗"抨击了封建统治者的骄奢淫逸和昏庸无道",不过,诗歌不能用史实来硬套,历史真实不是这样的。《新唐书·列传第一·后妃上》:"妃嗜荔枝,必欲生致之,乃置骑传送,走数千里,味未变,已至京师。"李肇《唐国史补》:"杨贵妃生于蜀,好食荔枝。南海所生,尤胜蜀者,故每岁飞驰以进。然方暑而熟,经宿则败,后人皆不知之。"可见,给杨贵妃送荔枝的事确实有,但不是送到骊山,而是送到京城。华清宫是唐玄宗开元十一年(723)修建的行宫。唐玄宗和杨贵妃到华清宫是避寒,此时是岁末,不是荔枝成熟的季节。所以,杜牧写的不是事实。

中唐之后,惋惜杨贵妃的情绪渐渐抬头。李商隐《马嵬二首》谴责唐玄宗不能保护杨贵妃:"如何四纪为天子,不及卢家有莫愁。"你做了四十五年的皇帝,怎么还不及卢家夫婿能长伴莫愁?王建《舞曲歌辞·霓裳辞十首》赞扬杨贵妃的音乐才能,说杨贵妃指导排练《霓裳羽衣曲》,乐队哪怕有一点儿差错,她都能立即听出来。徐夤在《马嵬》中对杨贵妃的同情已经"上升"到了政治层面:"张均兄弟皆何在,却是杨妃死报君。"张均兄弟是唐玄宗的宰相张说之子,一个官至刑部尚书,一个官至太常。安史之乱中,唐玄宗跑到蜀中,问高力士,他的朝臣谁会来,谁不会来。

高力士回答：张均兄弟受皇恩最重，肯定会来。结果张均兄弟都投降了安禄山。所以，徐夤的诗说，曾受唐玄宗大恩的大臣们在危难之时都跑哪里去了？倒是一位弱女子以死回报皇恩。

中和元年（881），黄巢攻克长安，唐僖宗继唐玄宗之后"幸蜀"。罗隐的《帝幸蜀》以挖苦口吻写道："马嵬山色翠依依，又见銮舆幸蜀归。泉下阿蛮应有语，这回休更怨杨妃。"皇帝又逃到了蜀中，这回可不能再说是死了一百多年的杨贵妃的责任了！据《明皇杂录》记载，唐玄宗自称"阿瞒"，有个歌女则叫"阿蛮"。

鲁迅先生说："我一向不相信昭君出塞会安汉，木兰从军就可以保隋；也不信妲己亡殷，西施沼吴，杨妃乱唐的那些古老话。我以为在男权社会里，女人是决不会有这种大力量的，兴亡的责任，都应该男的负。但向来的男性的作者，大抵将败亡的大罪，推在女性身上，这真是一钱不值的没有出息的男人。"（《阿金》）鲁迅先生是伟大的女性主义者。

不仅诗人描绘杨贵妃，画家也贡献了不少佳品。唐代大画家周昉画过许多关于杨贵妃的画，如《春宵秘戏图》。元代翰林院学士王恽看到画后，写下《题周昉画杨妃禁齿图》，感叹："人到爱深无恶相，捧心颦处更妖娆。"就是说，杨贵妃连牙疼都好看！

在历代吟诵杨贵妃的诗词中，清代女诗人史梦兰《宫词》所写的关于杨贵妃的逸事特别有趣。第一首写了四件事："露华清浸玉鱼凉，吸遍花枝肺腑香。日暮海棠初睡足，新诗闲教雪衣娘。"贵妃体胖怕热，夏天时常在口中含着玉鱼生津；贵妃晚上醉酒酣睡，清晨独游宫苑，吸遍花上露珠润肺；贵妃醉酒浓睡，玄宗赞扬道："岂是妃子醉也，乃海棠春睡未醒。"贵妃闲时无事教鹦鹉念诗，她的鹦鹉叫雪衣娘。每一句诗都有典故。第二首写杨贵妃的聪明伶俐："贺老琵琶听不明，围棋深院子叮叮。君王欲负妃先觉，抱取康猧上石枰。"这首诗所写之事与前文段成式《酉阳杂俎》中所记载的趣事相同。康猧，是指康国进贡的小狗。杨贵妃的善解人意跃然纸上。

同情杨贵妃成了诗人的集体无意识，其中最有代表性的、艺术成就最高的是《长恨歌》。

千古绝唱《长恨歌》

在杨贵妃殒命半个世纪后的元和元年（806），白居易写出《长恨歌》，陈鸿《长恨传》与之相配合。一诗一传，成为古代文学中杨贵妃题材的定调之作，也可以说是扛鼎之作。

《长恨歌》，被称为"千古绝唱"。

元和元年，白居易和陈鸿、王质夫说起唐玄宗与杨贵妃的往事，王质夫建议白居易写首长诗，陈鸿写篇传记："夫希代之事，非遇出世之才润色之，则与时消没，不闻于世。乐天深于诗，多于情者也。试为歌之，如何？"这是一个多么好的建议！

白居易为什么能写出《长恨歌》？这和他本人的爱情经历有关。白居易年轻时曾和出身普通人家的姑娘湘灵相爱，却因门第不能结婚，分别时，白居易写下这样的诗句："不得哭，潜别离。不得语，暗相思。两心之外无人知，……彼此甘心无后期。"(《潜别离》)"愿作远方兽，步步比肩行。愿作深山木，枝枝连理生。"(《长相思》)《长恨歌》寄托了白居易本人不能与真爱结合的痛苦，表达了他向往与心上人生生世世相爱的情愫。所以，他才能够将唐玄宗与杨贵妃的爱情装点得花团锦簇，描写到极致。

陈寅恪《长恨歌笺证》认为，《长恨歌》和《长恨传》"为一不可分离之共同机构"。白歌见诗笔，陈传见史才。陈寅恪还认为，"在白歌陈传之前，故事大抵尚局限于人世，而不及于灵界，其畅述人天生死形魂离合之关系，似以《长恨歌》及传为创始"。这样的评论很有道理。

"后宫佳丽三千人，三千宠爱在一身。"唐代那么多诗人描写杨贵妃，谁将杨贵妃的美用文学笔法淋漓尽致地表现出来了？只有白居易。绝世奇才李白也没有具体描绘杨贵妃的一颦一笑、一举一动，他写杨贵妃用的都是比喻手法，比如，以牡丹花比杨贵妃，是一种只可意会不能具体想象的美。白居易并没见过杨贵妃，却能细腻地描绘杨贵妃的稀世之美，特别是杨贵妃之"媚"，简直写到了极点："回眸一笑百媚生，六宫粉黛无颜色。"他还写了杨贵妃之"娇"："侍儿扶起娇无力，始是新承恩泽时。"不过，白居易留给后世的最大贡献，也许还不是描写杨贵妃之美，而是创造了从人间到天上的爱情传奇："七月七日长生殿，夜半无人私语时。在天愿作比翼鸟，在地愿为连理枝。天长地久有时尽，此恨绵绵无绝期。"新旧《唐书》和杂史笔记中都没有这样的记载,这是白居易硬安到唐玄宗和杨贵妃头上的,但也确实是《长恨歌》的点睛之笔。

自从《长恨歌》问世,唐玄宗和杨贵妃身上的所谓"污点"被洗刷不少:皇帝和妃子之间是有真挚的、生死不渝的爱情的。杨贵妃只是受到宠爱,她的家人有祸国殃民的举动,她自己却没有。连杨贵妃的出身都被美化了,她不再是原来唐玄宗的儿媳,而是杨家的深闺少女。这一点与陈鸿的《长恨传》不一致。陈鸿《长恨传》写唐玄宗"诏高力士潜搜外宫,得弘农杨玄琰女于寿邸",并不避讳杨贵妃原是寿王妃,而白居易却说"杨家有女初长成,养在深闺人未识"。

俞平伯认为《长恨歌》记述的是一件"皇家逸闻":杨贵妃在马嵬并未真被赐死,而是有替身的。杨贵妃换装潜逃,流落民间,成为女道士。临邛道士带回来的证明,一是钿合金钗,一是杨贵妃说的话。钿合金钗可以盗取,杨贵妃对道士所说的七月七日"密誓"之言,只有她自己知道。道士见杨贵妃睡觉初起,也像她在人间的活动。唐玄宗晚年对杨贵妃的思念,不是死别之苦,而是生离之苦。(《〈长恨歌〉及〈长恨歌传〉的传疑》)孙汝舟《读〈长恨歌〉及〈长恨歌传〉》认为,赐死杨贵妃时,高力士、陈玄礼都是唐玄宗的亲信,可能会找人代死,杨贵妃夜间换装潜逃,混入难民中,越终南,浮汉水,沿江东逃亡,最后在东方某个滨海城市做了娼妓,并兼"假母",即妓院老板,主持一家大妓院。

更奇特的说法是：杨贵妃不仅没死，还东渡日本，去了一座名叫"蓬莱"的仙山，后来死在那里。日本至今还有杨贵妃的雕像、"寺塔"及"贵妃墓"。日本人还创造了这样一个说法：在马嵬驿，是杨贵妃的一个侍女做其替身被缢死的，杨贵妃则被秘密送往日本，她的亡命地点是山口县。

《白氏长庆集》在白居易生前，即九世纪三十年代就传进日本，《长恨歌》受到上自天皇、下至平民百姓的喜爱。日本画家把杨贵妃的故事画在屏风上。日本诗人模拟唐玄宗和杨贵妃的语气写成"皇帝之诗"和"皇后之诗"。《源氏物语》这部日本文学名著大量引用《长恨歌》。日本"文坛泰斗"井上靖创作了《杨贵妃传》。有人还宣称自己是"贵妃"后人。香港中文大学吴伟明《日本杨贵妃传说的流变及思想史考察》一文称，杨贵妃在日本以观音、天仙、神祇、政治家、女刺客等不同身份出现。

在白居易笔下，历史上的杨贵妃演变成了文学作品中的杨贵妃。白居易对杨贵妃的欣赏、赞美、惋惜之情，经唐、宋、元、明、清无数诗人薪火相传，一直延续到清代，从"诗坛盟主"王士禛到查禁鸦片的钦差大臣林则徐，都非常同情千年前的杨贵妃。王士禛感叹堂堂贵妃，死后被草草埋在马嵬，还不及当年唐玄宗手下的一位滑稽乐工黄幡绰，他死后还被埋葬在了骊山："香魂不及黄幡绰，犹占骊山土一丘。"（《马嵬怀古二首·其一》）铁骨柔情的林则徐一连写了八首《题杨太真墓》，其中第六首道："在地犹为连理枝，却因摇落正花时。秋风若待歌团扇，那得君恩辗转思?"林则徐认为,唐玄宗你不是宣布要做比翼鸟、连理枝吗,怎么生生把一朵正在盛开的艳冠群芳的花朵掐掉了?你的山盟海誓到哪儿去了?

《长恨歌》把唐玄宗和杨贵妃从历史人物转换为传说人物,完全按照诗人的意愿改造和美化了李、杨爱情。

作为"四大美女"之一的杨贵妃,从历史人物变成不朽的文学典型,始于白居易的《长恨歌》,完成于洪昇的《长生殿》。

《长生殿》的爱情神话

洪昇写作《长生殿》有非常丰富的资料可以参考,除新旧《唐书》、《唐会要》、《资治通鉴》等正史外,还有《开元天宝遗事》《开天传信记》《松窗杂录》《明皇杂录》《杨太真外传》《安禄山事迹》等杂史和小说,以及相当多的戏剧作品。元、明期间流传至今的戏剧作品只有元代白朴的《唐明皇秋夜梧桐雨》和明代吴世美的《惊鸿记》,其他戏剧作品现在已经看不到了,比如,关汉卿《唐明皇哭香囊》、白朴《唐明皇游月宫》、岳伯川《罗公远梦断杨贵妃》、庾天锡《杨太真霓裳怨》和《杨太真浴罢华清宫》等,但是洪昇应该都能看到。从盛唐到晚唐大诗人们从各个角度对安史之乱和杨贵妃的追怀和吟诵,对洪昇的影响也不小。洪昇认真研究、剖析这些前人资料,"荟萃唐人诸说部中事及李(白)、杜(甫)、元(稹)、白(居易)、温(庭筠)、李(商隐)数家诗句,又刺取古今剧部中繁丽色段以润色之"(焦循《剧说》),就是说,他很认真地研究李白、杜甫、元稹、白居易、李商隐的诗句,又把古今戏剧中的"繁丽色段"取过来。他以白居易的《长恨歌》和陈鸿的《长恨传》为基础,有非常明确的创作宗旨:"史家秽语,概削不书。"凡对他心爱的主角杨贵妃不利的,哪怕是真实的历史记载和小说家、戏剧家的话,他不是不用,就是加以改造。

比如,杨贵妃原是唐玄宗的儿媳寿王妃。公公看上儿媳,让她出家,再把她接到宫里封为贵妃,本来是个丑闻。《长恨歌》已经把这件事情掩盖起来,《长生殿》更进一步,对杨贵妃加以美化,说她本是唐玄宗的后宫宫女,被皇帝看中,选为妃子。她之所以叫杨玉环,是因为她出生时,臂膀上戴着玉环。她的前生是月宫中的蓬莱仙子,不幸被贬到人间。唐玄宗的另一个宠妃梅妃以惊鸿舞取得唐玄宗欢心的时候,杨贵妃想超过她,准备编新的舞蹈。这个时候,嫦娥引她入梦中,教给她月宫中的《霓裳羽衣曲》。当然,历史事实不是这样,《霓裳羽衣曲》源自天竺的《婆罗门曲》,是唐玄宗改编、制谱并指导排演的,并不是杨贵妃梦中所得。当杨贵妃与唐玄宗在长生殿发誓生生世世为夫妻时,织女从天上看到,非常同情他们。杨贵妃被杀之后,织女又看到她的鬼魂一心追随唐玄宗,就向玉帝汇报,让杨贵妃归位到天上做仙女。洪昇不仅将杨贵妃美化、纯洁化,而且将她仙化了。与此同时,唐玄宗也成了原来的天宫道人。最后,两人在天界"重圆",永不分离。这样的描写完全脱离了历史事实。

关于杨贵妃被贬出宫，历代史书和宋代小说都记载杨贵妃因为嫉妒或行为不检（偷吹宁王玉笛），两次被唐玄宗贬出宫。《长生殿》把两次被贬写成一次，原因则是唐玄宗"出轨"。"并头莲傍有一枝开"，这个"枝"是谁？是虢国夫人。唐玄宗游曲江时，把手伸向虢国夫人："只见弄盏传杯，传杯处，蓦自里话儿唧哝。匆匆，把人央入帐中。思量帐中，帐中欢如梦。"杨贵妃气愤得独自回宫。至于向唐玄宗"问罪"、泼醋之类可能损害杨贵妃温雅形象的细节，洪昇一字不写，只是侧面介绍"贵妃娘娘忤旨，圣上大怒，命高公公送归丞相府中了"。

关于杨贵妃与安禄山的淫乱关系，历代史书及一些文学作品都有描写。白朴的《唐明皇秋夜梧桐雨》写杨贵妃淫荡而没有真情，与安禄山关系暧昧，因为他们的关系被杨国忠看破，安禄山才被弄到外面做蕃将。杨贵妃在与唐玄宗"密誓""七月七日长生殿"之前还想着她的情人安禄山，《唐明皇秋夜梧桐雨》这样写道："妾心中怀想，不能再见，好是烦恼人也。"而安禄山起兵，则"单要抢贵妃一个，非专为锦绣江山"。这些情节洪昇都弃之不用。他还强调安禄山垂涎的是杨贵妃的姐姐。曲江一游，安禄山看到韩国、虢国、秦国三位夫人，感叹"绝代丰神，猛令咱一见，半晌销魂"，又说"唉，唐天子，唐天子！你有了一位贵妃，又添上这几个阿姨，好不风流也"。为了保护杨贵妃的"清纯"，洪昇似乎在极力避免出现杨贵妃与安禄山接触的场面。

《唐明皇秋夜梧桐雨》还写道，当马嵬驿六军不发时，杨贵妃哀求唐玄宗"陛下，怎生救妾身一救"，唐玄宗让她自尽，她埋怨"陛下好下的也"。这个时候的杨贵妃只顾自己的生死，不考虑唐玄宗的安危。而《长生殿》则完全翻案：杨贵妃是为了唐玄宗的安全、为了大唐的社稷安危而主动求死的。六军不发，唐玄宗仍不忍心让杨贵妃死。杨贵妃深明大义，哀求唐玄宗："臣妾受皇上深恩，杀身难报。今事势危急，望赐自尽，以定军心。陛下得安稳至蜀，妾虽死犹生也。""陛下虽则恩深，但事已至此，无路求生。若再留恋，倘玉石俱焚，益增妾罪。望陛下舍妾之身，以保宗社。"杨贵妃为了唐朝的天下，为了唐玄宗的安全，牺牲了自己的生命。"百年离别在须臾，一代红颜为君尽！"杨贵妃临终前还唱道："我一命儿便死在黄泉下，一灵儿只傍着黄旗下。"她临死还在挂念皇上，死后她的灵魂还追随着唐玄宗。

　　在历史学家和某些诗人眼中，唐玄宗宠爱杨贵妃是导致安史之乱的重要原因，这个原因在《长生殿》中则被极力淡化。洪昇刻意强化杨国忠与安禄山的矛盾。据历史记载，开元二十四年，边将安禄山因为轻敌在讨伐契丹时大败，范阳节度使张守珪是他的义父，不想杀他，便把他送到京城问罪，实际是想给他留条活路。当时的宰相张九龄主张将安禄山斩首，但是唐玄宗留下了他。那时杨玉环刚在前一年即开元二十三年被册封为寿王李瑁的妃子。杨国忠还在家乡厮混，是个小混混，没有入朝做官，更不要说当宰相。天宝三载（745）杨玉环被立为贵妃；天宝十一载（752），也就是杨玉环做贵妃的七年后，杨国忠才做了右相。洪昇将矛盾集中在杨国忠和安禄山身上，把基本的历史事实都改了。他写道：安禄山犯罪当斩，之所以逃脱，不是唐玄宗错判，而是杨国忠受贿。实际上，前后时间相差了很多年。在洪昇笔下，杨家的人惹得民怨沸腾，杨贵妃一概不知，她只是一个深宫里的"文艺青年"，一心一意地研究音乐和舞蹈。

《长生殿》把杨贵妃彻底地从历史人物转换成了文学典型。洪昇对李、杨的爱情故事做了天才的描写。他突破"女色误国"的传统观念，精心构思，成功地塑造了美丽聪慧、多才多艺、忠诚痴情的杨贵妃，使其成为古代文学中独特的女性形象。

《长生殿》之前，中国古代小说和戏剧创造的女性形象中，有大家闺秀如崔莺莺，有小家碧玉如霍小玉，有市井女子如潘金莲，有青楼女子如杜十娘，有风尘女侠如红拂，唯独没有成功丰满的后宫女子形象。《长生殿》中横空出世的杨贵妃，是封建宫廷三千粉黛争宠背景下的一代宠妃形象，为中国古代文学的女性画廊增添了新品种。

独树一帜的宠妃形象

杨贵妃的人生终极目标，就是千方百计地争宠、夺宠、固宠。作为文学史上独树一帜的宠妃形象，她有着非常突出的特点。

她绝顶美丽。在佳丽三千的背景下，要想得到皇帝的恩宠，首先要漂亮、出众。《长生殿》"春睡"一折，用几段唱词描绘杨贵妃吹弹得破的粉嫩脸蛋，百般娇娆、千般婀娜的玉体，在唐玄宗眼里，她是"红玉一团"。"窥浴"一折，写唐玄宗和杨贵妃在华清池入浴，唐玄宗唱"款解云衣，早现出珠辉玉丽，不由我对你、爱你、扶你、觑你、怜你"，写宫女偷偷观看杨贵妃是"亭亭玉体，宛似浮波菡萏，含露弄娇辉""明霞骨，冰雪肌，一痕酥透双蓓蕾，半点春藏小麝脐"，细致地描绘出杨贵妃身体的美丽性感。《长生殿》第三十八出"弹词"，又借安史之乱后宫廷乐师李龟年的嘴，说出杨贵妃空前绝后的美丽。她赛观音，似嫦娥，比西施、王昭君都美。李龟年连用三个"春"字形容杨贵妃："春情韵饶，春酣态娇，春眠梦悄。"

《长生殿》写她聪慧过人，能歌善舞，还特别能够把准唐玄宗的脉搏，知道他是一个喜欢音乐的皇帝，就投其所好。她梦游月宫，看到仙女表演《霓裳羽衣曲》，醒来后记下曲谱，指导宫廷乐师排练，自己亲自跳舞。

杨贵妃的生活重心是嫉妒和争宠。她得到唐玄宗的宠爱，得到近乎皇后的待遇，还要独占唐玄宗的感情。这在封建宫廷中几乎不可能，历史事实也不是这样。唐玄宗有几十个儿女，没有一个是杨贵妃所生。后宫佳丽三千，唐玄宗怎么可能只钟情杨贵妃一个？而《长生殿》里的杨贵妃却要求唐玄宗用情专一，并且靠她的娇美、骄纵、灵慧，几乎做到了。《长生殿》具体描写了杨贵妃的两次争宠。第一次，杨贵妃向皇帝炫耀自家姐妹，把几个姐姐请到皇宫赴宴，唐玄宗看上了天生丽质、风流放荡的虢国夫人，两人在酒席上情话绵绵，公然白日宣淫。杨贵妃"忤旨"，不接受唐玄宗把虢国夫人留在皇宫的圣旨，给唐玄宗和虢国夫人难堪。唐玄宗为了维护自己的皇权，把杨贵妃送回杨国忠家。他这样做，可能是真想惩罚杨贵妃，"一箭双雕"：你想回宫，就得接受像赵飞燕和赵合德一样共侍一夫的局面。杨家兄妹知道杨贵妃是否得宠关系着全家荣辱，杨国忠便去向唐玄宗请罪，姐姐则劝解杨贵妃。杨贵妃虽继续使性子，但也后悔了。这时，高力士来报告：唐玄宗独坐宫中，长吁短叹。杨贵妃知道，不挽回唐玄宗的心意，自己就永远是弃妇，杨家也会遭殃。她剪下青丝让高力士捎给唐玄宗，正如高力士所说"好凭缕缕青丝发，重结双双白首缘"。唐玄宗早上贬走杨贵妃后，一天没吃饭，还把劝他吃饭、听曲的太监打了板子，罚那太监扫厕所。高力士送上头发，劝唐玄宗召回贵妃，"拼把百般亲媚，酬他半日分离"。杨贵妃回来后，聪明地向唐玄宗请罪，唐玄宗表示：以前的事不提了。这是第一次争宠，杨贵妃采取软化手段，用一缕头发聪明地表达了她思念唐玄宗、依恋唐玄宗的情思，终结了虢国夫人和唐玄宗的恋情，也成功地打消了唐玄宗对姐妹共侍一夫的美妙设想。第二次，她和梅妃争宠。梅妃曾是唐玄宗的宠妃，也是高力士向唐玄宗推荐的，因她喜欢梅花，唐玄宗便在皇宫内造了一座梅苑。梅妃美丽聪明、能歌善舞，还会写诗。杨贵妃得宠，梅妃被迁到楼东。杨贵妃最担心的就是梅妃采取某个妙计挽回唐玄宗的心，她感叹："江采萍，江采萍，非是我容你不得，只怕我容了你，你就容不得我也！"这是多么可怜、可怕的精神状态！果然，梅妃只用一首诗便令唐玄宗回心转意。唐玄宗觉得对不起梅妃，为了安慰她，送给她一斛珍珠。梅妃写的这首诗，里面有这样两句："长门尽日无梳洗，何必珍珠慰寂寥？"唐玄宗心疼了，"复召"梅妃，借口独宿，与梅妃住在一块儿。杨贵妃公然到皇帝住的地方搜查。因为梅妃也是宠妃，她和杨贵妃势均力敌，不是虢国夫人那样"名不正，言不顺"，杨贵妃这次就不能再采取献头发那样的软化手段，她明争明夺，撒娇要挟。最后，唐玄宗口服心不服，这才有了"密誓"，两人于长生殿发誓，愿生生世世为夫妇。

杨贵妃把唐玄宗看作生活的唯一基石，想尽一切办法争取唐玄宗的爱，和一切障碍做斗争，而在马嵬驿的重要关头，她却选择牺牲自己的生命。唐玄宗对女人有无限要求的权力，但是，洪昇在《长生殿》中却描写他渐渐趋向专一，钟情于杨贵妃，生活中一旦缺少杨贵妃就郁郁寡欢。

洪昇把杨贵妃写成有爱有恨、值得同情的女子，不回避她作为女人的"弱点"，尽量把她与政治相对隔离，他还用幻想手段，把杨贵妃描写成忠于爱情、与唐玄宗生死相恋的女性形象。杨贵妃在马嵬驿缢死后，先是"冥追"，脖子上系着白练，灵魂追赶着唐玄宗，唱着"乱匆匆一生结束。荡悠悠一缕断魂，痛察察一条白练香喉锁。风光尽，信誓捐，形骸涴。只有痴情一点、一点无摧挫，拼向黄泉，牢牢担荷"。接着是"情悔"，她唱道："一曲霓裳逐晓风，天香国色总成空。可怜只有心难死，脉脉常留恨不穷。"杨贵妃的鬼魂把玩着她生前与唐玄宗定情的钿合金钗,这样说道:"但提起那恩情,怎教我重泉目瞑!""只有那一点痴情,爱河沉未醒。说到此悔不来,惟天表证。纵冷骨不重生,拼向九泉待等。"真是"死不瞑目"地想念着唐玄宗啊!织女要帮她重回仙班,她还是惦记着唐玄宗。在"尸解"一折中,土地神给杨贵妃的鬼魂"路引",可以在千里之内魂游。鬼魂找到皇宫,却从门神处得知:上皇尚在蜀中。回到蓬莱仙境的杨贵妃唱着"生和死割不断情肠绊""拆鸳鸯说甚仙班",表示只要能跟上皇"重圆",放弃仙子身份也乐意:"敢仍望做蓬莱座的仙班,只愿还杨玉环旧日的匹聘。"杨贵妃死后一再忏悔,在"情悔"一折中,她对前世罪过表示忏悔,这样唱道:"我在生前所为,那一桩不是罪案。况且弟兄姊妹,挟势弄权,罪恶滔天,总皆由我,如何忏悔得尽!"这就是所谓的"过而能悔",也是洪昇特别强调的,所以越发引人同情。

  杨贵妃死后,唐玄宗的爱情也被洪昇净化了。《长生殿》用大量篇幅描写唐玄宗对杨贵妃的思念和不得不舍弃杨贵妃的悔恨,他唱道:"如今独自虽无恙,问余生有甚风光!只落得泪万行,愁千状!""空做一朝天子,竟成千古忍人。"唐玄宗在蜀中夜雨闻铃,命人制作杨贵妃的画像"哭像";回到马嵬驿,看到农妇捡到的贵妃袜又"哭袜";另外,还有"改葬""雨梦""觅魂"等几折戏,都是写杨贵妃死后,思念成为唐玄宗的常态。他的唱词优美感人,成为流传很广的名段:

> 阴云黯淡天昏暝，哀猿断肠，子规叫血，好叫人怕听。兀的不惨杀人也么哥，兀的不苦杀人也么哥！
>
> 渐渐零零，一片凄然心暗惊。遥听隔山隔树，战合风雨，高响低鸣，一点一滴又一声，一点一滴又一声，和愁人血泪交相迸。

唐玄宗并没有像杨贵妃那样想到自己给黎民造成的苦难，他的"觉悟"似乎还没有杨贵妃的高。在《长生殿》里，不管是贵妃还是皇帝，都是痴情的、专一的，那么，唐玄宗和杨贵妃的爱情神话是真实的吗？

唐玄宗和杨贵妃有真正的爱情吗？

《长恨歌》和《长生殿》都写了唐玄宗、杨贵妃的"真正"爱情。

唐玄宗是皇帝，杨玉环是贵妃，他们的爱情与崔莺莺、杜丽娘的迥然不同。杨贵妃只能死死抓住唐玄宗不放，唐玄宗却既可以在杨贵妃的眼皮子底下跟虢国夫人调情，也可以把嫉妒的杨贵妃遣回杨家，还可以把梅妃重新召回来。《长生殿》把不平等爱情中的女性痛苦写得很真实。杨贵妃殷切地盼望唐玄宗下朝之后到自己的宫殿来："芳草黄昏，不见承回辇？"她正在焦急，忽然听到有"人"说"圣驾来也"，又惊又喜：皇上来了？唉，原来并不是唐玄宗来了,而是鹦鹉学人说话。这就更害得杨贵妃"徘徊伫立,思思想想",寸心如剪。这样的爱情有什么幸福可言?

帝王和妃子的爱情更有着片面性和悲剧性。

首先,他们的爱情是建立在千百个女性不幸的基础上的。杨贵妃的爱情和幸福就建立在后宫三千佳丽痛苦的基础上。《长生殿》里有这样一段话:"花摇烛,月映窗,把良夜欢情细讲。莫问他别院离宫玉漏长。"梅妃就是个典型例子。唐玄宗借口独宿,把梅妃召来重温旧情,被杨贵妃堵住门大闹一场,梅妃回去后就一病不起,死了。

其次,他们的爱情充满痛苦、波折、猜忌、恐惧与斗争。唐玄宗贵为天子,他对杨贵妃的爱最开始只是出于色欲之好。他可以向虢国夫人伸出贪婪的手,也可以把梅妃重新召回来,这就使得杨贵妃经常处于恐惧之中。《长生殿》"密誓"一折很有名,唐玄宗和杨贵妃在七巧之夜共发誓言:"在天愿为比翼鸟,在地愿为连理枝。"很多人都说这是他们真挚爱情的表现,我却觉得这恰好是他们痛苦爱情的表现。因为,在爱情生活中需要发誓,本身就说明这份爱情不和谐、不真挚。何况唐玄宗和杨贵妃哪能做到"生生世世,共为夫妇"?他们连半路夫妻都没做到头!

再次,他们的爱情不仅建立在后宫佳丽三千的痛苦之上,还建立在百姓的痛苦之上。《长生殿》有一出"进果",写的是海南和涪州两个地方为了赶在杨贵妃生日之前把她喜欢吃的荔枝送到长安,飞奔前进的驿马撞死了卖卜的老人,踏坏了农民的庄稼。

农民辛辛苦苦种了几个月的地,"每日盼成熟,求天拜神助",却因为杨贵妃的荔枝,庄稼全完了。两个地方的使臣还在驿站争夺马匹,驿丞最后喊道:"杨娘娘,只为这几个荔枝呵!"

最后,唐玄宗"占了情场,弛了朝纲"。因为他宠爱杨贵妃,杨国忠独揽朝政,导致安史之乱发生。杨家一门得宠,穷奢极欲。信用奸相、劳民伤财成了关键:一方面是唐玄宗与杨贵妃爱情的直接后果,另一方面是导致他们爱情悲剧的直接原因,导致安史之乱、马嵬之变。所以,洪昇说,他写唐玄宗与杨贵妃的爱情,是"乐极哀来,垂戒来世"。

《长生殿》结尾让唐玄宗与杨贵妃这一对爱侣在月宫中"重圆",唱道:"仙家美眷,比翼连枝,好合依然。天将离恨补,海把怨愁填。谢苍苍可怜,泼情肠翻新重建。添注个鸳鸯牒,紫霄边,千秋万古证奇缘。"洪昇的好友吴舒凫评道:"此剧月宫重圆与《牡丹亭》朝门重合,俱是千古奇特事。"杜丽娘可以为了爱情死而复生,杨玉环能够为了爱情月宫永生,这都是作家的浪漫奇想,现实生活中是不可能存在的。洪昇在结尾说"旧霓裳,新翻弄。唱与知音心自懂,要使情万古无穷",仍然还是那句话:《长生殿》寄托的是洪昇的爱情理想。

是因为作家的浪漫奇思太优美、太感人,还是《长生殿》剧本写得太棒?几百年来,各个剧种的各类改编层出不穷,昆曲《长生殿》、梅兰芳《贵妃醉酒》等,都盛演不衰。中国古代"四大美女"之一的杨贵妃也成为民众喜闻乐见的形象。

为什么洪昇能把唐玄宗与杨贵妃的爱情写到极致?为什么他能创造出古今中外文学中独树一帜的宠妃形象?极可能与他本人的阅历有关。

洪昇有个多才多艺、志同道合的夫人。洪昇夫人黄兰次是清初文华殿大学士黄机的孙女,洪昇则是黄机的外孙,夫妻二人同年同月出生,相差仅一天。黄兰次爱文学、通音律,与洪昇相亲相爱,家庭充满艺术氛围。这应该是洪昇能写出《长生殿》,相信世间有真正爱情的重要原因。

洪昇《长生殿》写了十余年,曾三易其稿,于康熙二十七年写成,立即轰动京师,朝野名流纷纷凑钱到洪昇家搬演。可是第二年,却发生了著名的"长生殿之祸"。因为在佟皇后丧葬期间演戏,洪昇被御史告到康熙皇帝那里。康熙皇帝要来剧本《长生殿》看后,认为是有意讽刺,便将洪昇下狱。洪昇的好友赵执信挺身而出,表明这件事主要责任在他。最后,经朝廷议处,赵执信、查慎行、洪昇等人或被革职,或被革去监生。所以,当时有这样两句著名的诗句:"可怜一出《长生殿》,断送功名到白头。""长生殿之祸"是康熙朝有名的文字狱。

洪昇被革去监生后,在京城又住了一年多,于康熙三十年(1691)返回故里杭州,此后十几年他经常到合肥、南京等地。康熙四十三年(1704)曹雪芹的祖父曹寅请他到江宁连演三天《长生殿》,洪昇从南京回乡,经过乌镇时,酒醉登船,失足落水而死。不过,《随园诗话》记载是洪昇的老仆人落水,他去救,结果自己也死了。而这一天恰好是六月初一,杨贵妃的生日,因此,有人写诗叹道:"太真生共可怜宵。"

可以说,皇帝和贵妃之间不太可能有真正的爱情、永恒的爱情,特别是专一的爱情,《长生殿》寄托的只是戏剧家洪昇的爱情理想。

结语

　　冰心说过："世界上若没有女人，这世界至少要失去十分之五的'真'、十分之六的'善'、十分之七的'美'。"在上古神话中，天塌了是女娲补好的，人类是女娲创造的。中国古代作家描写女性真、善、美的故事，可以说是浩如烟海：嫦娥奔月、牛郎织女、孟母三迁、岳母刺字、花木兰替父从军、女驸马、女状元等，女性的能力和美德在这些作品中都得到了展现。

　　我的"品读古代女子"系列是从另一个角度审视中国古代女性在男权霸凌下的生存状态。在男权至上的古代，天生丽质的女性，不仅会成为男性的玩物，还往往会成为男性君主胡作非为，导致国家灭亡的替罪羊，如杨贵妃；流芳百世的女性文人，常常是在男权重压下进行创作的，其作品往往是其心灵痛苦和奋力抗争的真实记录,如李清照。封建制度直接造成了男女不平等的现实,不仅体现在法律上,还体现在伦理道德上。"男尊女卑"的观念持续了几千年,对女性的禁锢和残害比比皆是,这使得古代社会除了有"美女"和"才女",还有大量的"怨女"和"妒女",她们的生存状态,也就成了文学创作与研究中既热闹又凄惨的主题。那么,这些"美女""才女""怨女""妒女"是否得到了作家客观、充分的演绎呢?我认为并没有。因为在古代作家中占据"统治"地位的是男性,而在他们的头脑中占据统治地位的,往往是封建社会"男尊女卑"的主流意识形态。所以即便是那些著名作家创作的进入世界名著行列的经典作品,也存在这种男权霸语,比如,《三国演义》《水浒传》《聊斋志异》等。所以正如我在前文所说的,《三国演义》是女性的"文学贞节碑",《水浒传》是女性的"文学耻辱柱",《聊斋志异》则反映了作者的男权霸语和情爱乌托邦。在古代文学及古代历史中,这种男权霸凌的现象非常普遍,我举的例子不过是其中的一部分,甚至只是一小部分。

女性主义话题在世界上已经流行了很多年,现在仍然是热门话题。因为在现实社会中,不管是在中国还是在外国,不乏对女性地位和生存状态的探讨。如果精力允许,我还会继续关注这个话题,关注中国古代文学中的女性形象,我也希望未来能有更多的学者、专家、作家和有识之士,一起就这个话题进行研究和探讨。

图书在版编目（CIP）数据

人生几何时：中国古代的才女与美女 / 马瑞芳著. -- 成都：天地出版社, 2025. 3. -- ISBN 978-7-5455-8477-6

Ⅰ. K828.5

中国国家版本馆CIP数据核字第2024M4Z924号

RENSHENG JIHE SHI：ZHONGGUO GUDAI DE CAINÜ YU MEINÜ

人生几何时：中国古代的才女与美女

出 品 人	陈小雨　杨　政
作　　者	马瑞芳
责任编辑	张诗尧
责任校对	马志侠
封面设计	V 霄
责任印制	王学锋

出版发行	天地出版社 （成都市锦江区三色路238号　邮政编码：610023） （北京市方庄芳群园3区3号　邮政编码：100078）
网　　址	http://www.tiandiph.com
电子邮箱	tianditg@163.com
经　　销	新华文轩出版传媒股份有限公司

印　　刷	北京天宇万达印刷有限公司
版　　次	2025年3月第1版
印　　次	2025年3月第1次印刷
开　　本	880mm×1230mm 1/32
印　　张	8.75
插　　页	8P
字　　数	190千字
定　　价	49.00元
书　　号	ISBN 978-7-5455-8477-6

版权所有◆违者必究

咨询电话：（028）86361282（总编室）
购书热线：（010）67693207（营销中心）

如有印装错误，请与本社联系调换

以声音列文字，分类人类研究

天喜文化